TRAITÉ PRATIQUE

DE

PHOTOLITHOGRAPHIE.

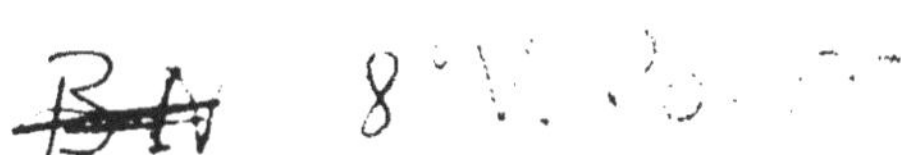

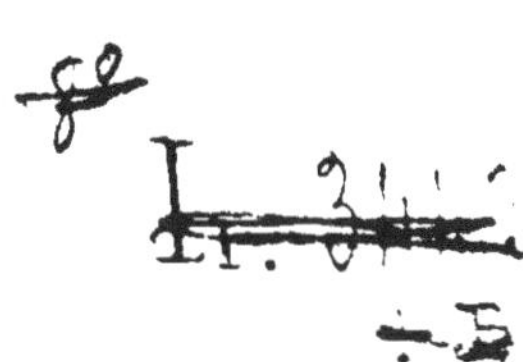

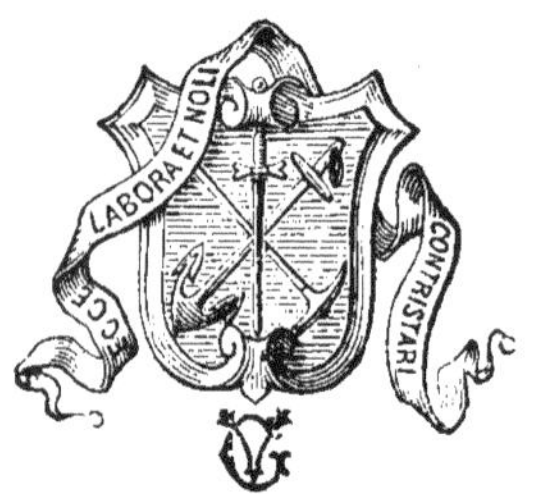

TRAITÉ PRATIQUE

DE

PHOTOLITHOGRAPHIE

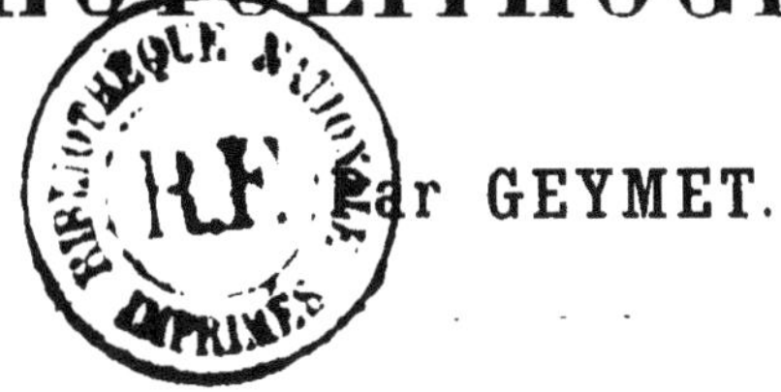

Par GEYMET.

TROISIÈME ÉDITION

ENTIÈREMENT REFONDUE ET AUGMENTÉE.

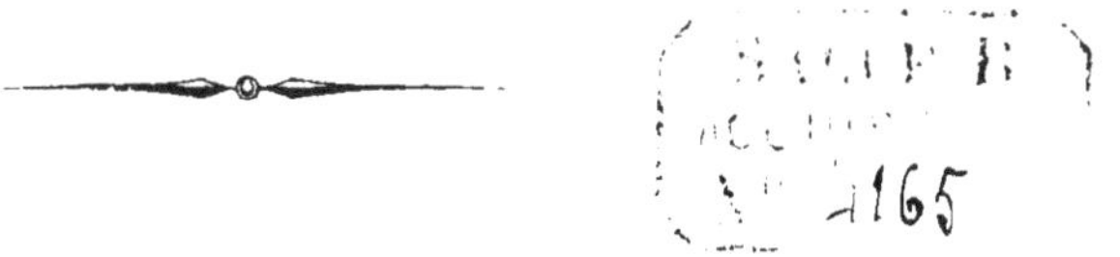

PARIS,

GAUTHIER-VILLARS ET FILS, IMPRIMEURS-LIBRAIRES

ÉDITEURS DE LA BIBLIOTHÈQUE PHOTOGRAPHIQUE

Quai des Grands-Augustins, 55.

1888

AU LECTEUR.

Nous avions écrit ce Traité il y a plusieurs années.

Nous avons voulu, avant de le publier, obtenir des résultats constants, complets et indiscutables par les méthodes que nous développons.

Les épreuves sorties de notre presse peuvent aujourd'hui soutenir la comparaison avec les produits donnés par les sels d'argent.

Le but est atteint et nous l'avons prouvé en séance publique à la Société française de Photographie.

Th. GEYMET.

PRÉFACE

DE LA TROISIÈME ÉDITION.

Ce n'est plus le même Livre que nous présentons à nos lecteurs.

Le titre seul n'est pas changé.

L'Ouvrage, entièrement refondu et augmenté, a été mis au niveau des derniers perfectionnements apportés à la Photolithographie.

TH. GEYMET.

INTRODUCTION.

Avant d'entrer dans les détails des opérations que nous voulons décrire, nous dirons quelques mots sur l'inventeur de la Lithographie.

Senefelder naquit à Prague en 1770. Il étudia d'abord le droit, et se livra ensuite au théâtre. Il fut à la fois écrivain et acteur.

Peu favorisé par la fortune, il voulut reproduire, sans avoir recours à l'imprimerie, les pièces qu'il avait lui-même composées. Nous passerons sur ses essais. L'histoire raconte que, chargé par sa mère d'écrire une note de blanchisseuse et manquant de papier, il traça au crayon gras le détail qu'on lui dictait sur une pierre polie qui lui servait à poncer ses plaques de métal.

Mais son attention étant éveillée par des observations préalables, il voulut essayer l'effet du noir d'impression sous la morsure de l'acide.

C'est à ce dernier essai que nous devons la découverte de la Lithographie. Après une vie agitée, Senefelder mourut, non sans honneur, à Munich, en 1834.

TRAITÉ PRATIQUE

DE

PHOTOLITHOGRAPHIE.

CHAPITRE PREMIER.

Théorie de la Lithographie.

La théorie de la Lithographie est d'une grande simplicité.

Cette industrie, qui rend de grands services à la science et aux arts, repose :

1° Sur l'avidité que la pierre calcaire a pour l'eau.

2° Sur l'adhérence vigoureuse que les corps gras et résineux ont sur la pierre lithographique.

3° Sur l'incompatibilité du corps gras et de l'eau.

Cette incompatibilité n'est pas à démontrer. Le chasseur et l'ouvrier mettent, le premier son arme, le second son outil, à l'abri de la rouille, en les protégeant par une légère couche d'huile ou de suif.

Dans ces conditions, les objets sont à l'abri du contact de l'eau.

Les corps gras, d'autre part, qui ont une grande

répulsion pour l'eau, ont, au contraire, beaucoup d'affinité pour la pierre calcaire.

Il suffit d'y tirer une ligne avec un crayon composé de résine ou de suif coloré par une matière quelconque. Une adhérence intime existe entre les deux corps.

Pour les séparer, il est nécessaire d'employer un moyen mécanique, le ponçage qui amène l'usure de la pierre. Aucun lavage ne pourrait donner un résultat satisfaisant.

Une dernière opération fortifie l'adhérence de l'encre grasse sur la pierre, et la fait pour ainsi dire pénétrer dans les pores de la matière calcaire.

La ligne que nous avons tracée, quoique parfaitement fixée et attachée sur la pierre, pourrait toutefois, sous une pression vigoureuse et répétée, s'étendre et s'élargir, et le trait, en perdant sa finesse, finirait à la longue par manquer de netteté.

Pour obvier à cet inconvénient qui serait très grave et qui limiterait le tirage, on mouille la pierre au pinceau, avec une éponge ou par immersion, avec de l'eau gommée et légèrement acidulée avec de l'acide azotique.

Les proportions d'eau, d'acide et de gomme, seront indiquées plus tard. Elles varient selon le degré de porosité de la pierre.

Ces principes posés, nous dirons brièvement en quoi consiste l'impression lithographique. Il est indispensable de connaître une méthode pour la lier à un procédé nouveau. Les moyens que l'industrie emploie n'ont à subir aucune modification.

La Photographie n'intervient que pour jouer un rôle secondaire. Mais ce rôle, si modeste qu'il soit, prend une grande importance, dans ce sens qu'elle apporte à un procédé moins récent et qui a la sanction de la pratique, une grande rapidité dans le mode d'exécution et la vérité exacte dans le dessin.

L'impression aux encres grasses et le tirage photographique aux sels d'argent ont un but identique.

Jusqu'à cette heure on s'est borné à tirer aux sels d'argent, car le photographe n'avait pas à sa disposition une méthode assez parfaite pour lui donner des épreuves comparables en finesse à celles qu'il obtenait par l'action de la lumière sur le papier albuminé. Il a donc continué à donner tous ses soins à des productions parfaites, artistiques, mais éphémères.

Le cas n'est plus le même aujourd'hui. car le tirage à la presse sur couche de gélatine peut être substitué avec un grand avantage, sous tous les rapports, au tirage sur papier argenté.

On obtiendra les mêmes détails, une finesse égale, et les caprices de la lumière qui jouent un si grand rôle dans notre partie seront moins à redouter.

Il faudra toujours un peu de lumière pour obtenir le cliché, mais le tirage sera désormais indépendant, infiniment moins coûteux et beaucoup plus rapide. .

Il est vrai qu'on aura à transformer le laboratoire, à remplacer le cylindre par la presse et le tireur par le lithographe. Mais il ne faut que deux ou trois jours pour se faire la main au rouleau. Le nouveau tirage est d'une grande simplicité, on mettra donc le rouleau dans la main du tireur.

L'émail, la gravure, sujets sur lesquels nous avons écrit, offrent des difficultés réelles. La Litho-photographie, au contraire, qui a plus d'importance au point de vue de l'industrie, peut être exécutée, sans études préalables, par une main adroite. Ne croyez pas aux prétentions des gens du métier.

Les nouveaux procédés n'exigent pas une longue pratique; basés sur des réactions chimiques, soumis à des lois régulières, il suffit d'un peu d'observation pour arriver à des résultats complets et immédiats.

Nous sommes toutefois certain que la routine persistera dans la vieille méthode de tirage. Nous ne nierons pas cependant que, dans certains cas, elle puisse rendre encore quelques services, mais le vieux procédé sera vaincu et forcé de quitter la place, et nous conseillons aux personnes prudentes et soucieuses de leur industrie de se mettre en mesure, car la Photographie est entrée aujourd'hui dans la voie sûre. Le tirage aux encres grasses est un fait.

Dès maintenant, dans la reproduction du portrait, du paysage pris sur nature, des réductions et dans une infinité de cas qui exigent de la main et de l'œil, un travail trop compliqué, et des mois passés dans l'exécution, la Lithographie et la Photographie doivent se fondre l'une dans l'autre, et réunir, dans le même local, deux ateliers qui n'avaient rien de commun.

L'impression arrivera à une perfection inconnue jusqu'à ce jour, et l'on pourra répandre au prix de quelques centimes les chefs-d'œuvre de la peinture et les vues pittoresques de tous les pays, prises au vol par le voyageur, grâce au gélatino-bromure.

L'art ne sera pas supprimé pour cela. Nous engageons au contraire le dessinateur à employer les procédés nouveaux, qui lui permettront d'aller plus vite et de faire mieux.

On improvise aussi bien sur un verre préparé que sur une feuille de papier, et nous verrons que le cas se présente.

Si habile que l'on soit, on se sert de l'équerre et du compas.

Pourquoi ne pas appeler à son aide l'objectif, et écarter l'emploi de la chambre noire? Cet appareil est dû à un artiste célèbre qui n'aurait pas dédaigné

les ressources offertes par la Photographie. Aujour-
d'hui le cheval plus poétique est remplacé par la
locomotive, et la vapeur elle-même cédera le pas
à l'électricité quand le fluide transportera la force
comme il transmet la pensée.

CHAPITRE II.

De la Photolithographie.

Nous avons, dans notre premier Volume sur la gravure photographique, mis l'opérateur à même de transformer par l'intermédiaire de la gélatine chromatée le cliché en planche de cuivre.

La Lithographie sera l'objet de celui-ci. Les opérations que nous nous efforçons de décrire avec la plus grande clarté possible, offriront plus de facilité au point de vue de l'exécution. Le travail, d'autre part, sera plus rapide.

En galvanoplastie, le dépôt est toujours long à se former et, après l'achèvement des opérations photographiques, il faut attendre dix ou douze jours pour obtenir une épaisseur de cuivre capable de résister aux efforts de la presse. Dans le cas qui nous occupe, on ne rencontre aucun de ces inconvénients. Le résultat est pour ainsi dire instantané, le dessin peut être obtenu en quelques minutes et livré immédiatement à l'impression.

On trouvera dans nos divers Traités de gravure des méthodes récentes pour le creux et le relief qui sont tout aussi rapides comme production (¹).

La nécessité d'installer une presse limiterait nécessairement le nombre des opérations. Mais nous indiquerons le moyen d'y suppléer par un simple appareil.

Nous ne nous adressons pas seulement à l'industrie, et nous croyons que celui qui s'intéresse sérieusement aux progrès de la Photographie et qui ne cherche pas dans le travail de la lumière un simple passe-temps, sera tenté par les méthodes nouvelles d'impression. Il continuera au besoin à fixer les points difficiles en se fortifiant comme nous par l'application de ce qui est acquis.

C'est par cette série de travaux non interrompus, que les idées contestées passent insensiblement, en s'améliorant chaque jour, dans le domaine de la pratique.

Nous sommes étonnés, en effet, que la Photolithographie, dont plusieurs ont essayé, soit restée en arrière et n'ait pris pied que tard dans les imprimeries. La routine néglige l'emploi de ces

(¹) GEYMET. — *Traité pratique de Photogravure sur zinc et sur cuivre.* In-18 jésus : 1886 (Paris, Gauthier-Villars). — *Traité pratique de Gravure héliographique et de Galvanoplastie.* 3ᵉ édition. In-18 jésus; 1885 (Paris, Gauthier-Villars). — *Traité pratique de Gravure sur verre par les procédés héliographiques.* In-18 jésus; 1887 (Paris Gauthier-Villars). — *Traité pratique de Gravure et d'impression sur zinc par les procédés héliographiques* 2 vol. in-18 jésus; 1887 (Paris, Gauthier-Villars).

moyens rapides et sûrs, qui suppriment pour ainsi
dire le temps. Or, le temps dans la durée de la
vie humaine est à considérer, mais indépendam-
ment de cette considération, l'exactitude du dessin
obtenu par la lumière et la possibilité de reproduire la nature dans toute sa vérité, aurait dû,
ce semble, engager les imprimeurs à s'occuper
plus sérieusement du nouveau procédé. Ils auraient
dû se souvenir que la Lithographie elle-même n'a
pas obtenu dès le début toute l'attention qu'elle
méritait.

L'indifférence dont nous nous plaignons avec
raison n'est pas réelle, car, entre deux procédés,
l'industrie préfère toujours celui qui produit mieux
et plus vite.

Nous expliquons en quelques mots les motifs
qui ont éloigné la Photographie de l'atelier du
lithographe. C'est que les résultats ont fait défaut
au début.

Ce n'est pas à la lumière qu'il faut s'en prendre.
elle peut donner tout, mais trois conditions sont
nécessaires si l'on veut réussir complètement en
Photolithographie.

La première, c'est d'être photographe soi-même.
L'opérateur le plus habile n'est pas apte à l'emploi.
Il le sera s'il est chargé de conduire l'opération
dans son ensemble, car l'expérience, dans ce cas,
lui fera comprendre que le cliché le mieux réussi
pour le tirage aux sels d'argent n'est pas le desi-

deratum exigé pour obtenir une image irrépro-
chable, pour le trait, par exemple.

Il est rare, et le point mérite attention, que
dans les procédés nouveaux, tous les moyens
nécessaires et dont l'ensemble, manié par un
homme habile, peut seul donner un résultat, se
trouvent réunis dans la main d'une même per-
sonne. Il résulte de ce fait malheureux que l'application industrielle d'un procédé sûr et simple,
n'est accepté que fort tard.

Les difficultés n'existent pas en réalité, mais la
force des choses les suscite. C'est toujours le cas
dans une industrie qui n'est pas créée et dont la
vitalité n'est pas entretenue et activée par le fonc-
tionnement.

On n'a pas sous la main, au moment donné, la
cheville ouvrière qui détermine le résultat. On
déclare alors sans réfléchir que le procédé est
incomplet.

Comme nous avons l'intention de persuader le
lecteur de la valeur des méthodes auxquelles nous
l'initions, il voudra bien nous permettre une comparaison qui mettra notre pensée en relief. Nous
citerons une découverte de notre époque qui n'est
plus discutable.

Que faut-il pour manquer un résultat? Presque
rien. En électricité, un peu d'acide qu'on n'a pas
sous la main, un fil cassé qui arrête la marche du
courant, une interversion maladroite, un défaut

de contact, un rien, en un mot, rend inutile l'instrument le plus perfectionné, et la théorie serait mise en question si l'expérience du passé ne venait pas en aide pour certifier que c'est l'appareil qui, bien que construit d'après les principes d'une théorie éprouvée, laisse momentanément à désirer.

Il en est de même pour les procédés dont nous nous occupons.

Celui qui sait préparer une pierre est souvent incapable d'obtenir un bon cliché, et le photographe, d'autre part, ne connaît ni la pierre, ni le rouleau, ni l'emploi des encres grasses. Or, de quelque manière qu'une pierre lithographique soit préparée, que la lumière soit intervenue ou non, il est évident que pour tirer une bonne épreuve, il faut être imprimeur, ou du moins connaître plus ou moins le métier en amateur intelligent.

Nous croyons à l'utilité de ces réflexions. On fera bien d'en tenir compte.

Par la Photolithographie, on peut créer ou reproduire un sujet quelconque. Le procédé rend avec toute la perfection que le public le plus difficile a droit d'exiger, tout ce qui peut être représenté par le crayon, par le burin ou par l'estompe.

Elle supprime en outre le tirage au sel d'argent, et elle reproduit le portrait et le paysage obtenus à l'aide de l'objectif avec toute la perfection de l'ancien procédé au papier argenté.

Il y a toutefois des distinctions à établir.

Nous indiquerons quatre procédés. On ne devra pas les employer sans discernement, mais choisir celui qui se prêtera le mieux au sujet à reproduire, et l'on tiendra compte du plus ou moins d'avantage qu'il y aura au tirage.

Un dessin, en général, se traduit par des traits ou par des teintes fondues, c'est-à-dire estompées.

Deux des procédés sont applicables aux traits. Les deux autres peuvent seuls rendre les demi-teintes.

Nous dirons cependant que les procédés de demi-teintes peuvent être appliqués aux traits.

Nous recommandons pour le trait, la méthode sur papier gommé et les procédés plus récents, que nous avons développés dans notre *Traité pratique de Gravure et d'impression sur zinc par les procédés héliographiques* (1), et dans nos Ouvrages sur la demi-teinte et la couche de gélatine sur cuivre et sur glace.

Mais avant d'entrer dans le détail des procédés, il ne sera pas inutile, puisque nous ne sommes pas lithographes, d'étudier le support principal, c'est-à-dire la pierre qui ne doit être employée que pour le report dans le procédé à couche mince.

(1) GEYMET, *Traité pratique de gravure et d'impression sur zinc par les procédés héliographiques*. 2 vol In-18 jésus; 1887 (Paris, Gauthier-Villars).

CHAPITRE III.

Des pierres lithographiques.

Les pierres lithographiques sont des pierres calcaires, dont les couches sont disséminées dans toute l'Europe. La France en fournit d'excellentes, mais les meilleures viennent de la Bavière.

Les pierres doivent avoir un grain dur et serré. Les meilleures sont celles dont la surface offre une teinte grise.

La Lithographie ordinaire ne considère pas toujours comme pierres de rebut celles qui offrent certaines irrégularités dans la couche. Elles peuvent être employées dans plusieurs cas, mais dans nos travaux sur couche mince de gélatine ou de gomme, et en cas de report, il faut mettre hors d'emploi toute surface qui offre des taches, des veines ou des marbrures. Ce n'est qu'avec connaissance de cause et par l'habitude du travail qu'il est permis de passer outre.

Ce manque d'homogénéité dans la couche, sou-

vent préjudiciable à la bonne exécution du dessin
dans la Lithographie ordinaire, amène des désor-
dres plus graves dans nos opérations spéciales.

Il est à peu près certain que l'encre que nous
appliquerons au rouleau sur la couche sensible
qui doit pénétrer dans les pores de la pierre, ne
tiendra pas au développement sur les parties où
nous aurons remarqué ces marbrures et ces veines,
et même sur une simple nuance en dissonance
avec le ton général de la surface calcaire.

Une pierre lithographique doit être spongieuse
et absorber régulièrement l'eau projetée sur sa
surface. La variété de nuances sur une même
surface indique le plus souvent un défaut d'homogénéité.

La nature a stratifié les couches à son gré. Le
mica est mêlé au granit, le feldspath au silex, et
le diamant à la gangue calcaire.

C'est à l'industrie de faire le choix qui convient
aux applications dont elle a besoin.

Il faut approprier à nos travaux les matériaux
que nous avons sous la main. L'impression photographique serait défectueuse sur un papier sen-
sibilisé, si la couche d'albumine manquait de
régularité et si une partie de la surface avait été
touchée par un corps gras.

Il est facile de comprendre que le silex, plus dur
que le carbonate de chaux, ou qu'un fragment de
ce même carbonate de chaux, d'une cristallisation

incomplète, absorberaient plus ou moins d'eau, et
et que, par suite, le travail héliographique man-
querait de régularité.

Il est donc bien entendu, et nous insistons sur
ce point capital, que les pierres dont nous ferons
usage, à l'exception des cas prévus, auront une
teinte générale grise, ou qu'elles seront, du moins,
d'un ton uniforme jaunâtre, dans toute l'étendue
de leur surface.

Ces observations ne s'adressent pas au lithographe de profession qui ne doit s'attacher dans
cet écrit qu'aux Chapitres ayant trait aux opérations héliographiques. Mais nous n'oublions pas
que nos expériences doivent surtout être utiles
au photographe qui veut compléter l'œuvre de
Daguerre, en la conduisant vers son vrai but,
c'est-à-dire à l'inaltérabilité de l'épreuve.

Il arrive quelquefois que la pierre se brise sous
l'effort de la presse. S'il n'y a pas d'éclat à la surface, le tirage peut être continué après le dou-
blage de la pierre.

Il est même prudent de prévoir cet accident,
quand on se sert de pierres minces et de la presse
ordinaire.

Pour doubler une pierre trop mince, on délaie
du plâtre fin qu'on étend ensuite sur une seconde
pierre de dimensions égales. On applique sur le
lit de plâtre la pierre qui porte le dessin, et l'on
imprime un mouvement de va-et-vient pour chas-

ser les bulles d'air et pour asseoir la couche.

Après un quart d'heure, le plâtre a fait prise. On enlève les bavures avec un racloir, et l'on peut continuer le tirage une demi-heure après.

On rajuste une pierre cassée de la même manière, si le dessin qu'elle porte a une valeur quelconque

Du grainage et du polissage de la pierre.

Avant de recevoir la couche sensible, les pierres sont soumises à une opération qui diffère suivant l'emploi.

Il est bien entendu que nous nous adressons au photographe ou à l'amateur qui n'étant pas initié à la Lithographie, ne doit employer que des pierres dressées.

L'industrie les fournit préparées pour l'emploi et au besoin, dans les grands centres, on peut faire grainer ou poncer la pierre.

La pierre destinée à reproduire un dessin estompé, dans lequel la transition du blanc au noir comporte des graduations de teintes, doit être grainée. Le grain sera en rapport avec la finesse du dessin qu'on veut reproduire.

On opère comme il suit, pour obtenir un grain régulier :

On place la pierre sur une table et d'aplomb.

On commence par la couvrir d'un sable jaune, qu'on se procure facilement à Paris. C'est le sable que les limonadiers répandent sur le parquet.

A défaut de sablon, on emploiera un produit analogue, ou de l'émeri fin.

Il est nécessaire de tamiser le sable avant de l'employer.

Nous insistons sur ce détail, qu'il ne faut pas négliger, si l'on veut obtenir un grainage régulier et par suite une bonne épreuve.

L'atelier doit être pourvu de tamis gradués, en toile métallique. Les n⁰ˢ 100, 140 et 200 suffiront. Le sable est d'abord séché au feu sur une tôle, ou au soleil en été. On le passe dans le tamis n° 100.

On reprend le premier rendement et on lui fait subir un second tamisage sur le crible à mailles plus serrées.

Il faut un peu de patience pour obtenir un certain volume de sable n° 2.

On se sert pour arriver au n° 3 du tamis 200. On renferme dans trois flacons étiquetés, le sable divisé suivant la grosseur du grain.

On commence le grainage par le numéro le plus fort et l'on poursuit l'opération en employant les numéros qui suivent.

En général, le grain donné par le tamis n° 200 ne sert qu'au grainage d'une pierre poncée pour obtenir une granulation à peine sensible. Le n° 1 peut servir pour un grain ordinaire si l'on a le soin d'user complètement le sable.

L'opération serait défectueuse si la surface de la pierre était attaquée avec du sable brut. La pierre serait rayée en tous sens, et l'écrasement du grain ne réparerait jamais les premiers accidents.

La pierre grainée pour la reproduction du cliché photographique diffère très peu, d'après ce qui vient d'être dit, de la pierre poncée et polie ensuite.

On doit toujours user à fond le sable n° 3.

On obtient le grain de la manière suivante :

La pierre, avons-nous dit, est posée d'aplomb sur la table à grainer. Il est préférable de la tenir isolée sur deux lattes en bois.

On projette un peu d'eau sur la pierre. On prend ensuite une seconde pierre de même dimension et de même couleur, que l'on applique sur la première, et l'on imprime à celle-ci un mouvement de rotation. Les deux surfaces seront grainées en même temps, et l'on fera un double travail par une seule opération.

On use le sable en faisant rouler en cercle la première pierre sur la seconde.

On ne s'arrête que lorsque le sable est réduit à l'état pâteux. L'adhérence des deux surfaces est une indication sûre des progrès du travail. On lave ensuite les pierres sous une nappe d'eau ou dans un baquet, et l'on examine si le grain est bien égal et s'il est distribué partout avec la même régularité.

Ce premier travail est ordinairement imparfait, car les pierres, quoique dressées, ne sont pas préparées avec des soins suffisants.

Les surfaces laissent toujours à désirer; il faut cependant obtenir une planimétrie exacte, égale à celle de la glace qui porte le cliché. Il est impossible qu'une glace offre plus d'un plan. Le verre est d'abord coulé, et le polissage n'est que le résultat de l'usure d'une glace sur une autre.

Un défaut de poli sur une matière transparente trahit un manque de dressage. Mais, sur une pierre polie, on ne sera certain d'être dans les conditions exigées qu'autant que le grain se montrera régulier sur toute l'étendue de la surface.

Ce travail indispensable n'entraîne pas une perte de temps trop longue. L'opération peut être terminée dans un quart d'heure, et le travail sera fait pour les opérations qui suivront.

Quoique l'explication puisse paraître superflue aux gens du métier, qui n'ont que faire de nos conseils dans la partie purement lithographique, nous indiquerons pour d'autres l'apparence que doit offrir une pierre bien grainée. Un grain bien fait prépare toujours une bonne épreuve, et il est nécessaire de bien fixer les idées, dans un Livre qui n'est pas fait seulement pour les lithographes de profession.

Prenons, par exemple, pour nous entendre, nous, amateurs de Photographie, la glace ou le verre sur lequel nous opérons tous les jours. La glace ou le verre sont brillants ou dépolis.

La glace polie sera pour nous la pierre poncée que nous destinerons aux sujets ne comportant que des lignes, comme la gravure.

La glace dépolie sera la pierre grainée. Le dépoli sur la glace en question peut être plus ou moins fin, suivant le numéro d'émeri qui a été employé à user le verre. Il en est de même pour la pierre.

Si nous avions à dépolir un verre pour la chambre noire, il est clair que le travail nous paraîtrait insuffisant, aussi longtemps que des points ou des parties brillantes se montreraient, et nous ne nous arrêterions que lorsque toute la surface serait d'un mat régulier.

Chacun de nous a remarqué qu'il ne fallait que quelques minutes pour dépolir une glace dont la surface a été d'abord dépolie dans le dressage et repolie ensuite, tandis que le même résultat n'est atteint sur le verre qu'après un travail long et pénible. La pierre est toujours rangée dans le second cas, et le dressage demande toujours un certain temps.

La pierre lithographique peut être en tout point comparée à la glace dépolie de la chambre noire.

Sur une glace sans finesse, l'image n'offre que des détails confus, mais sur un champ finement achevé, le même dessin se montre à l'œil, avec toute la délicatesse du trait.

Ainsi donc, si nous avons à reproduire sur la pierre un dessin grossier, nous grainerons la pierre régulièrement, mais sans user le sable jusqu'aux limites extrêmes. Sommes-nous obligés de fixer sur la pierre des demi-teintes, par report, nous pousserons à fond l'usure du sable.

Après le travail du grainage, la pierre doit être lavée à grande eau, comme nous l'avons déjà dit. On la laisse sécher naturellement, et on l'essuie avec soin pour la débarrasser de toute poussière.

Dans la reproduction des gravures et des dessins à la plume, il ne faut employer que les pierres poncées.

Mais cette préparation n'est que supplémentaire, et il est indispensable de grainer la pierre au préalable, le plus finement qu'il se peut.

On doit, pour ce travail, n'employer que des ponces douces et friables, et on les use en couvrant d'eau la surface de la pierre.

On peut terminer l'opération à sec avec de la ponce en poudre sous un morceau de liège.

CHAPITRE IV.

De la couche sensible.

Ceux de nos lecteurs qui nous ont suivi dans notre *Traité des émaux photographiques* (¹) n'ont pas oublié qu'une solution de gomme, de glucose, de sucre et de miel, rendue sensible par le bichromate de potasse ou d'ammoniaque, a la propriété, sous l'influence du rayon solaire ou de la lumière diffuse, de prendre sous le blaireau la poudre d'émail dans les parties qui correspondent aux noirs du cliché positif et qui n'ont pas subi l'influence de la lumière.

Voici l'explication du phénomène qui, produit par la même cause, se traduira sous une forme nouvelle dans les opérations qui suivront.

Cette théorie est simple, mais il est bon de ne

(¹) GEYMET, *Traité pratique des émaux photographiques. Secrets* (tours de main, formules, palette complète, etc.) *à l'usage du photographe émailleur sur plaques et sur porcelaines.* In-18 jésus : 1885 (Paris. Gauthier-Villars).

pas l'oublier pour l'intelligence des travaux que nous décrirons dans ce Livre.

Les produits immédiats : gomme, dextrine. sucre, glucose, albumine, gélatine, colle de poisson, combinés avec l'acide chromique, subissent une modification rapide sous l'influence de la lumière.

L'acide chromique, du reste, en composition avec la potasse et l'ammoniaque et uni aux produits déjà nommés, les modifie de la même manière sans l'aide de la lumière, mais la transformation de la matière est dans ce cas plus lente à se produire.

Pour poser une loi générale, nous admettons que les produits unis à l'acide chromique tendent à former dans n'importe quel milieu, avec ou sans l'aide de la lumière, un composé solide de couleur brune et imitant parfaitement l'écaille par l'éclat et la solidité. C'est par l'emploi, du reste, de la gélatine chromatée que plusieurs industriels fabriquent la fausse écaille.

Cette transformation qui s'opère lentement dans une masse liquide est pour ainsi dire instantanée. si la couche est mince et si elle est exposée aux rayons du soleil.

L'explication et le fait une fois admis, voici ce qui se passe :

Lorsque nous exposons dans un châssis-presse une glace couverte d'une couche de gomme. de gélatine ou d'albumine, sensibilisée par le bichromate d'ammoniaque ou de potasse, les parties pénétrées par la lumière sont insolubilisées plus ou moins, suivant l'intensité des ombres. Les parties abritées du jour par les noirs du cliché ne subissent aucune transformation. Or, la gomme dissoute, additionnée de glucose et de miel, constitue un mélange essentiellement hygrométrique.

Après l'insolation, une matière quelconque, broyée finement et promenée à l'aide d'un blaireau à la surface du verre, s'attache sur les parties qui redeviennent humides en reprenant la température du milieu ambiant. Il n'en est pas de même pour les parties qui ont été influencées par la lumière.

Ces lignes ou ces surfaces ont subi une décomposition profonde. Elles ont été insolubilisées par le rayon lumineux, et elles ne sont plus solubles dans l'eau froide comme elles l'étaient avant d'être exposées au jour.

Il faudra employer l'eau élevée à un certain degré de chaleur pour les dissoudre, et le degré de chaleur nécessaire à la dissolution sera en rapport avec l'intensité de la lumière et avec le temps de l'insolation.

Le même phénomène nous servira dans la Photolithographie, et nous mettrons à profit cette insolubilité pour fixer à l'encre grasse nos dessins sur la pierre.

Opérons d'abord en supposant que les formules que nous donnerons plus tard nous soient déjà connues.

La pierre doit subir une préparation, mais prenons-la telle qu'elle sera. Nous y reviendrons après.

Pour l'instant, nous préparons un tampon de coton bien arrondi, et nous l'enveloppons dans un carré de mousseline. Nous imbibons le tampon avec une dissolution de gomme épaisse ou dans l'albumine, sans addition d'eau. Les deux produits doivent être vigoureusement bichromatés. Sans donner de proportions, nous dirons, pour guider l'opérateur, que la couleur du mélange doit être, dans les deux cas, jaune orange. Le bichromate peut être en excès. La couche sensible est trop mince et trop rapidement séchée pour donner lieu à des cristallisations. On couvre la pierre du mélange à l'aide du tampon, et l'on s'efforce, par une pression soutenue, en opérant dans tous les sens, de faire pénétrer le liquide, dans les pores de la pierre. Une minute suffit pour disposer la surface, et quand la pénétration paraît suffisante, on prend un chiffon propre et l'on essuie la pierre.

Cette seconde opération est de la plus haute importance.

Il ne faut pas craindre d'enlever ce qu'on a mis. La pierre doit être essuyée et polie, et l'opération ne sera terminée que lorsque, par le passage du chiffon, on supposera qu'il ne reste plus rien de la couche sensible. Il suffit que la préparation bichromatée pénètre dans les pores de la pierre.

C'est dans cette simple opération que réside tout le secret de la Photolithographie.

Aussi, sans crainte de nous répéter, et pour ne laisser aucune supposition à faire au lecteur, nous lui dirons : Barbouillez, comme vous l'entendrez, la surface d'une pierre lithographique, largement, sans gêne, ne craignez pas d'user un peu d'albumine ou de gomme.

Tâchez de faire pénétrer le mélange chromaté dans les pores de la pierre, et après une ou deux minutes de friction, essuyez la surface avec la même énergie que vous avez mise à la couvrir.

La pierre ne peut donner un bon dessin qu'autant que la surface en est polie comme une glace.

Après l'exposition dans la presse que nous décrirons plus loin, cette surface polie sous le tampon aura subi la modification dont nous avons parlé.

Les parties correspondantes aux clairs du cliché ne seront plus solubles dans l'eau froide.

Tout ce que la lumière n'aura pas atteint sera soluble, ou, suivant le cas, ne retiendra pas le noir d'impression.

Si nous couvrons alors la pierre à l'aide d'un rouleau d'encre lithographique, le noir n'aura pas la même adhérence sur toute la surface et, au traitement à l'eau gommée et acidulée dont il sera parlé, l'encre, sur la partie non insolée ayant pour support une couche soluble, quittera la pierre, puisque la couche elle-même sera dissoute par l'eau, et le noir d'impression sera entraîné avec la couche de gomme.

L'encre résistera, au contraire, à l'attaque de l'eau sur les points insolubilisés. Dans des parties le noir adhérera avec une grande énergie, et la pierre, la couche et l'encre ne formeront, pour ainsi dire, qu'un seul et même corps.

L'encre d'impression, quand le tirage est achevé, ne peut quitter la pierre que par le ponçage.

Cette usure est nécessaire, car l'encre et son support de gomme, de gélatine ou d'albumine, incorporés à la pierre après l'acidulation, reprendraient le noir sous le rouleau, si l'on se contentait d'un simple lavage à l'essence. La pierre ne peut être recouverte d'une nouvelle épreuve qu'après ce traitement violent. Si l'on n'usait pas par le grainage ou le ponçage $\frac{1}{10}$ de millimètre de la surface, on retrouverait, au prochain encrage, le dessin préexistant enchevêtré dans le nouveau.

Il faut d'autant plus de soin que le dessin primitif est resté plus longtemps sur la pierre.

La pierre lithographique n'est pas la seule surface susceptible de retenir l'encre, même en employant la couche mince essuyée au tampon.

Ce travail pourrait être exécuté sur n'importe

quel métal pourvu qu'il soit grainé. Nous excep-
tons les plaques d'acier qui seraient attaquées par
le bichromate.

On doit donner la préférence au zinc.

L'opération est plus délicate sur métal et en voici
la raison :

La pierre offre une surface pénétrable à l'eau,
et la porosité nous aide considérablement dans le
lavage qui nous permet de dissoudre immédiatement la couche dans les parties solubles.

Le métal n'offre pas la même ressource. Comme
il n'est pas ou peu pénétrable, nous n'avons recours
que sur la couche sensible, et si la pose n'est pas
exacte, un commencement d'insolubilisation dans
les parties qui devraient céder au lavage, met
l'opération en danger. Le zinc fait exception.

La pierre, au contraire, s'imbibant d'eau, le point
à moitié insolubilisé se trouve miné en dessous et
cède sous l'effort du rouleau. Il se détache même
par simple immersion.

Le travail photolithographique peut tout aussi
bien être fait sur papier, aussi donnerons-nous
deux méthodes applicables au trait.

Le papier est, en effet, comme la pierre, spon-
gieux et pénétrable à l'eau. Mais il ne serait pas
possible d'obtenir un tirage productif sur une surface si peu résistante.

On ne tirera qu'une seule épreuve, qui sera reportée sur pierre ou sur zinc.

Par le report sur pierre de l'épreuve obtenue sur papier, nous rentrerons de plain-pied dans la Lithographie ordinaire et nous réduirons à leur juste valeur les objections de ceux qui prétendent que le dessin fait sur la pierre, par ce procédé, n'a pas la même solidité que le travail au crayon préparé par le dessinateur.

Ces objections, du reste, n'ont plus de portée aujourd'hui par suite des travaux exécutés par la Photolithographie.

C'est sur le sol français le plus souvent que l'idée nouvelle jaillit. Nous trouvons et nous pouvons le dire sans présomption. Mais on nous enlève nos découvertes et nous sommes toujours les derniers à tirer parti de nos propres inventions. Il nous serait facile d'en donner plus d'une preuve, dans notre partie surtout, si nous voulions tant soit peu nous écarter de notre sujet.

On avait nié jusqu'à cette heure l'importance de la Photolithographie. L'affirmation sans connaissance de cause est un travers, nous ne dirons pas de notre époque, mais de tous les temps. La négation supprime tout travail et toute recherche. Les esprits les plus distingués n'en sont pas exempts. Walter Scott plaisantait les ingénieurs qui prétendaient éclairer Londres avec la fumée, c'est-à-dire le gaz.

Il y a bien des causes qui ont entravé le développement de la Photolithographie : le brevet, d'abord, le mauvais vouloir ensuite, et enfin la nouveauté du procédé.

Aujourd'hui le brevet est périmé depuis des années, et si le lithographe veut bien suivre nos indications et s'écarter de la routine, nous lui assurons qu'il trouvera dans le procédé une large compensation aux quelques journées perdues dans les premiers essais. Cinq ou six jours de manipulation lui suffiront s'il possède les connaissances photographiques nécessaires.

Nous nous adressons de préférence aux photographes. Ils arriveront en quelques jours à manier le rouleau assez habilement pour se passer du concours de l'imprimeur.

Il est inutile, du reste, de se roidir contre le progrès. La lutte peut se prolonger un certain temps, mais la routine finit toujours par succomber.

Dans une infinité de cas, le dessinateur doit aujourd'hui céder la place au photographe.

Nous pourrions citer des industries dans lesquelles vingt dessinateurs sont remplacés par un seul artiste qui, à l'aide de l'objectif, peut suffire à tous les besoins.

Les mains qui déposent le crayon dans les centres industriels ne restent pas toutefois inoccupées; car si les métiers Jacquart, en simplifiant et en activant le travail dans la fabrication des tissus, ont supprimé la main de l'ouvrier employé comme machine, l'ouvrier s'est reporté sur la matière première, et il a contribué à sa production immédiate, dont le stock annuel a été forcé de s'accroître en raison de la rapidité de la fabrication.

Il suffit de connaître le dessin et quelques procédés inhérents au métier pour être lithographe : pour sculpter le bois et livrer ensuite une planche en relief aux journaux illustrés, il faut à la fois savoir manier le crayon et le burin, et pour définir notre pensée, nous ajouterons que pour être imprimeur photolithographe, la réunion dans un seul individu de ces connaissances est nécessaire au lithographe et au photographe.

Le moment est arrivé où ces deux industries doivent être greffées l'une sur l'autre.

Si les imprimeurs avaient voulu se rendre compte des ressources sans limites des procédés que nous exposons, et nous pouvons les en faire juges, ils n'auraient pas perdu une minute pour se mettre à l'œuvre.

CHAPITRE V.

Préparation de la couche sensible.

Pour préparer la couche sensible qui doit être appliquée sur la surface de la pierre préalablement préparée à la recevoir, il faut prendre deux blancs d'œufs et les battre en neige en y ajoutant 6^{gr} de bichromate d'ammoniaque réduits en poudre; il ne faut aucune addition d'eau.

La préparation peut être faite quelques minutes seulement avant l'emploi. Au bout de quelques instants, l'albumine bichromatée se sépare de la fibrine. Il en faut peu, et l'on en trouvera toujours assez sous la mousse pour la préparation de cinq ou six pierres.

Nous conseillons, dans cette nouvelle édition, de préparer l'albumine comme il suit. Les résultats seront supérieurs :

<pre>
Albumine des œufs, sèche. 6gr
Bichromate d'ammoniaque. . . . . . .   2 ,5
Eau distillée. 100cc
</pre>

L'albumine sèche des œufs se trouve maintenant dans l'industrie des produits chimiques.

L'albumine, très friable, est préalablement réduite en poudre fine dans un mortier en porcelaine. On en pèse 6^{gr} qu'on place dans un vase en porcelaine évasé.

On fait dissoudre d'autre part les 2^{gr},5 de bichromate d'ammoniaque dans 40^{cc} d'eau distillée pris sur les 100^{cc} indiqués dans la formule, et l'on attend que tout le bichromate soit dissous avant d'émulsionner l'albumine.

L'albumine sèche a plus d'adhérence et plus de solidité sur la pierre que le même produit résultant des blancs d'œufs battus en neige. Le trait sur pierre est plus fin et moins susceptible de s'étendre. Nous avons dit, du reste, dans un autre Ouvrage publié récemment, *Traité pratique de Gravure et d'impression sur zinc* (¹), que l'emploi de l'albumine sèche des œufs donnait des résultats constants, quel que soit l'usage qu'on veuille en faire en Photographie.

On commence par verser 25 ou 30^{cc} d'eau dans le vase en porcelaine sur l'albumine en poudre, et l'on bat le produit avec une fourchette en argent ou en doublé.

Le bichromate dissous est ajouté goutte à goutte

_____

(¹) GEYMET. *Traité pratique de gravure et d'impression sur zinc par les procédés héliographiques*. 2 vol. in-18 jésus: 1887 (Paris, Gauthier-Villars).

à mesure que l'émulsion se forme et qu'on augmente la quantité d'eau. L'opération est continuée jusqu'à l'épuisement des 100ᶜᶜ d'eau et de la dissolution de bichromate.

Il est préférable de se servir de la tournette qui sert à l'office à battre les œufs. L'émulsion donnée par la fourchette n'est jamais complète, à moins de grands efforts et après filtrage ; une petite quantité de fibrine se trouvant mêlée à l'albumine nuit à la solidité et à la finesse de l'héliographie.

Si l'on émulsionne à la fourchette, on fera bien, quand l'albumine filtrée sera mise en flacon, de secouer vigoureusement le vase à diverses reprises, de quart d'heure en quart d'heure, et de filtrer le produit. La mousse, c'est-à-dire la fibrine, restera dans le flacon, et l'albumine sera pure après cette opération.

De toute manière on portera la mousse à mesure qu'elle se développera, dès qu'elle aura atteint une bonne consistance, sur un grand filtre en papier placé dans un entonnoir d'un litre.

On ne prendra le produit qu'à l'aide d'une fourchette pour le déplacer. Avec une cuillère on transvaserait une partie du produit insuffisamment émulsionné.

L'albumine doit être battue aussi longtemps qu'il reste du liquide dans le vase à émulsionner. On ne doit porter sur le filtre que le produit mousseux. On rebat, jusqu'à épuisement, la partie liquide.

L'albumine doit être émulsionnée la veille. Elle met une nuit entière à passer à travers le filtre en papier. Elle doit être filtrée trois ou quatre fois pour être pure. Mais elle passe plus vite après un premier filtrage.

L'opération se fait plus vite en superposant trois entonnoirs. L'albumine passe alors d'un filtre à l'autre, et l'on obtient d'un seul coup un produit convenable pour l'emploi.

L'albumine préparée doit être soustraite à la lumière. Il est utile de la filtrer fraîchement avant chaque opération, après avoir agité fortement le flacon pour la dépouiller le plus possible de toute trace de fibrine. Si ce produit reste louche après trois ou quatre filtrages, c'est qu'il n'a pas été suffisamment travaillé. On peut le battre une seconde fois sans inconvénient pour l'épurer.

Préparé dans les conditions que nous venons d'indiquer, le liquide se maintient trois ou quatre jours sans altération en été, et huit ou dix jours en hiver. Il serait hors d'emploi après ce temps, sans le traitement que nous avons récemment trouvé, qui lui rend toutes ses propriétés.

Il suffit d'ajouter à l'albumine vieillie trois ou quatre gouttes d'eau saturée de bichromate d'ammoniaque pour lui restituer la sensibilité et la propriété qu'elle avait perdue d'être soluble dans l'eau.

La sensibilité de l'albumine augmente à mesure

que le produit reste en flacon, et le point extrême de cette sensibilité est atteint, quand l'oxydation de l'albumine par le sel de chrome est telle que sa solubilité dans l'eau est compromise.

Il est de toute importance d'étudier et de comprendre ce fait quand on a recours à l'albumine dans les travaux héliographiques.

Où veut-on en arriver, en effet, quand on expose au jour une feuille de papier, une pierre lithographique ou une feuille de zinc mixtionnée à l'albumine?

On demande à la lumière d'oxyder ou de durcir la partie qu'elle touche, assez pour lui enlever la propriété de se dissoudre dans l'eau.

Or, comme la présence du sel de chrome suffit pour amener ce résultat, et que l'action du bichromate insolubilise l'albumine d'heure en heure, à l'abri de toute lumière, il en résulte que la lumière a moins à faire quand la préparation de l'albumine ne date que de quelques jours.

Le bichromate, en oxydant graduellement l'albumine par sa seule présence, même dans l'obscurité, opère la réduction qu'on attend de la lumière.

L'oxydation, qui est la cause de l'insolubilité du produit dans l'eau, se complète donc avec une vieille albumine par une exposition au jour, dont la durée varie suivant l'état du produit.

Il s'ensuit que le temps d'exposition du châssis-presse peut être réduit chaque jour à mesure que le produit vieillit.

La mixtion gardera sa propriété héliographique aussi longtemps que la partie de la couche qui sera soustraite à la lumière restera soluble à l'état sec. sinon immédiatement, du moins par une immersion d'une demi-heure, plus ou moins.

Il résulte de ces observations qu'on est toujours assuré du résultat avec une mixtion fraîchement préparée par une exposition variant de deux à quinze minutes à l'ombre, suivant l'état de la lumière, et qu'il faut beaucoup d'expérience pour employer judicieusement une albumine dont la préparation remonte à huit ou dix jours.

Quoique l'albumine soit d'un bon emploi et susceptible de rendre le dessin avec beaucoup de finesse, on peut cependant employer la gomme arabique.

Les surfaces albuminées fournissent un tirage plus long, mais le travail est plus facile par l'emploi de la gomme, mais de la gomme arabique vraie. Ce détail a une très grande importance. L'arabine est un colloïde pur, entièrement soluble, exempt du mucilage louche des gommes exsudées de l'abricotier, de l'amandier, etc.

Dans ce dernier cas, on tiendra la solution épaisse, et la quantité de bichromate sera en rapport avec la vigueur du dessin à reproduire.

Il est inutile de donner des proportions définies.

Pour préparer convenablement le mélange chromaté, on remplit aux deux tiers de gomme arabique un récipient quelconque. L'eau nécessaire à la dissolution ne doit occuper que les vides laissés par la gomme.

Après un ou deux jours, on ajoute à une partie quelconque de la gomme dissoute un tiers de son volume d'eau saturée par le bichromate de potasse.

Ce mélange se décompose promptement. On doit le renouveler chaque jour.

On le passe, pour le débarrasser de toute impureté, à travers un carré de mousseline à mailles fines.

On étend alors, en s'aidant d'un blaireau ou d'un chiffon, la gomme préparée sur la pierre, sans s'occuper le moins du monde de la régularité de la couche.

L'essentiel est que toute la surface à préparer en soit couverte.

Sans attendre, on essuie la pierre avec un chiffon propre, et par un frottement vigoureux on tâche, en éliminant l'excédent, de faire pénétrer, pour ainsi dire, la gomme ou l'albumine bichromatée dans les pores de la pierre. On continue l'opération avec un linge souple et non pelucheux jusqu'au moment où la surface se montre brillante. La pierre doit être séchée par le passage réitéré du chiffon. Il ne faut pas craindre dans ce traitement d'enlever la gomme préalablement appliquée. Il faut qu'il n'en reste aucune trace sur la surface, les pores seuls doivent être pénétrés.

Ce serait une erreur de croire qu'une couche bien unie et appliquée délicatement au pinceau pût remplir le même but dans ce procédé.

Le dessin, en suivant ce mode de préparation, serait en tout point défectueux.

L'encre, du reste, déposée au rouleau sur une couche extérieure trop mince, n'aurait aucune adhérence par suite du traitement spécial par l'eau, qui suit l'insolation, traitement qui fait la base de cette méthode.

Sans crainte de nous répéter, nous dirons encore que la pierre prête à être insolée doit être lisse et brillante comme un cliché vernis.

Nous verrons plus loin qu'on doit choisir tantôt une pierre grainée, tantôt une pierre poncée ou polie.

Le brillant, dans le premier cas, n'égalera jamais, malgré le passage réitéré du tampon, l'éclat de la pierre poncée, mais il faut se mettre en place du vernisseur sur bois qui obtient une surface lisse en plus ou en moins, en raison du bois sur lequel il travaille.

Quand la pierre a été préparée, la couche reste un quart d'heure au repos, à l'abri de la lumière.

Ce temps suffit pour arriver à une dessiccation suffisante.

On sèche plus vite en se servant d'un morceau

de carton qui sert, comme un éventail, a projeter l'air sur la pierre.

Si la pierre préparée doit être garantie de la lumière avant l'exposition, c'est que la gomme bichromatée est à l'état sec. Mais, en général, toutes les préparations bichromatées à l'état humide peuvent supporter une lumière moyenne sans rien perdre de leur sensibilité.

Ainsi, la liqueur sensible que nous avons indiquée dans notre *Traité pratique des Émaux photographiques* se conserve sans danger dans un flacon en verre blanc en demi-lumière. Les précautions inutiles doivent être écartées pour la simplification du travail.

Ces préparations chromatées à l'état liquide, sont à peine influencées par le jour qui les décompose instantanément si la couche est mince et à l'état sec.

On place la pierre préparée sur le cliché négatif et dans le châssis dont la description sera donnée plus tard. Quand le doigt, passé sur les marges de la pierre, ne laisse aucune trace, c'est une preuve que la surface est à point pour être insolée.

Le temps qui doit s'écouler entre la préparation et l'exposition varie nécessairement, suivant la saison et le milieu dans lequel on opère.

On doit toujours faire usage d'un cliché négatif. Sans nous arrêter ici sur la valeur des clairs et des noirs, nous dirons seulement que le cliché

doit être retourné, afin d'obtenir le dessin et la
lettre dans un sens opposé. Au tirage sur papier,
l'épreuve sera remise dans le vrai sens. Nous donnerons plus loin une autre méthode qui n'exige
pas de clichés retournés.

Il n'est pas difficile d'obtenir un cliché retourné.

On retourne d'abord la glace dépolie dans le
châssis de là chambre noire. La surface dépolie
qui se trouve à l'intérieur, dans tous les appareils,
doit être posée en sens inverse pour le cas qui
nous occupe, et le côté brillant du verre doit faire
face à l'opérateur. Par ce changement, nous n'aurons pas à nous préoccuper de l'épaisseur du
verre dans la mise au point. Nous choisirons
pour opérer des glaces de même épaisseur que
celle sur laquelle on met au point dans la chambre
noire. Dans ces travaux, du reste, il faut renoncer à l'emploi du verre. La glace de Saint-Gobain
doit seule être employée.

Cette modification dans l'appareil entraîne
naturellement le retournement de la glace collodionnée et un changement dans le châssis qui
doit la recevoir. Le ressort attaché sur la porte du
châssis est supprimé, et l'on colle aux quatre angles
de cette porte des fragments de liége d'une épaisseur calculée pour que la glace collodionnée soit
maintenue en place.

Le liége portant sur le collodion, puisque le
collodion se trouve en dehors, est nécessairement

entamé aux quatre angles; mais on prévoit cet accident en sensibilisant une glace d'une dimension un peu plus grande et le dessus reste toujours intact.

On comprend qu'il soit nécessaire d'essuyer le dos de la glace avec un soin minutieux, puisque l'impression est faite à travers l'épaisseur du verre. Chaque goutte d'eau ferait tache sur le négatif.

Nous donnerons d'autres détails dans le Chapitre spécial aux clichés.

Du châssis de reproduction.

Si la pierre lithographique avait la souplesse et le peu d'épaisseur du papier albuminé, nous n'aurions aucun changement à faire au châssis d'impression vulgairement employé en Photographie.

Le manque de flexibilité de la pierre, qui nous force d'abord à nous servir exclusivement de glaces pour établir un contact exact entre les deux surfaces superposées, nous oblige d'autre part, à donner plus de profondeur au châssis, mais il n'est pas nécessaire d'avoir recours à une construction particulière. Les modifications à apporter au châssis ordinaire sont fort simples. Il suffit de visser sur les côtés de l'appareil quatre planches de 0^m,04 ou 0^m,05. On transforme le châssis en une boîte dont la glace sert de fond. La hauteur de ces planchettes est calculée sur celle des pierres lithographiques qui, dans les dimensions de 13×18, sont de 0^m,03 ou 0^m,04. On ferme la boîte par un couvercle à charnières d'une solidité suffisante, et quatre crochets fixent le couvercle quand la boîte est fermée. Ces crochets doivent être assez forts pour résister à la pression des vis dont nous allons parler.

Sur le couvercle du châssis transformé, on fixera cinq platines en cuivre. Ces platines reçoivent chacune une vis de pression.

Dans l'appareil ainsi disposé, on place le cliché sur la glace du châssis et l'on y applique la surface de la pierre préparée.

Le couvercle est alors rabattu et fixé par les crochets.

On fait jouer également les vis de pression l'une après l'autre et l'on s'arrête quand la pierre est suffisamment pressée sur le cliché.

On expose ensuite à la lumière.

Pour les premiers essais, le châssis transformé n'est pas rigoureusement indispensable.

On peut appliquer directement le négatif sur la pierre, s'il est sur glace; on pose sur les angles des masses lourdes de plomb pour établir le contact.

Il est inutile, dans cette méthode, de coller sur

le verso du cliché des bandes de papier noir pour déterminer les marges.

Nous verrons bientôt que l'emploi de la gomme, de la gélatine ou de l'albumine, n'est pas indiffé-rent, mais quelle que soit la nature de la couche sensible, le cliché destiné à la Photolithographie requiert un renforcement particulier et certaines qualités qui ne sont pas rigoureuses dans le tirage aux sels d'argent.

Les pierres sont retouchées à l'aide du crayon lithographique avant l'acidulation.

Dans l'industrie, en général, rien ne se fait d'un seul jet, et cette vérité a beaucoup plus d'exten-sion qu'on ne le croit. Le fondeur est forcé de tourner le métal, et pour obtenir l'éclat, le ver-rier polit la surface de la glace.

La machine ou le procédé produit avec écono-mie et avec gain de temps, mais la main peut seule compléter l'œuvre.

CHAPITRE VI.

De l'opération héliographique.

On reprend la pierre quand elle est sèche, et
nous plaçons le cliché négatif dans le châssis disposé comme il a été dit. La pierre est ensuite mise
sur le cliché, et les vis étant serrées et la pression
régulièrement établie, nous portons le châssis au
jour.

Le temps de pose est toujours le point difficile à
déterminer, nous n'avons aucune règle à donner.

L'extrême sensibilité de la mixtion ne permet
pas l'usage du photomètre. Nous dirons seulement, et nous serons compris des lecteurs qui ont
l'habitude des opérations photographiques, que
les principes immédiats unis au bichromate de
potasse ou d'ammoniaque offrent toujours le même
phénomène, soit dans l'emploi du papier gélatino-
charbonneux, dans la Photographie au charbon,
soit avec la glace recouverte de gomme et de glucose, qui prend la poudre d'émail. La pose est

exagérée si l'image apparaît après l'exposition, avant le travail du développement. Il en est de même pour la pierre. Aucune trace d'image ne doit apparaître à la surface quand on la sort du châssis.

Il sera donc, d'après ces explications, facile de reconnaître si l'exposition à la lumière a été trop longue. Nous verrons tout à l'heure à quels signes nous reconnaîtrons le manque d'insolation. Quelques expériences suffisent pour être à même d'insoler régulièrement. Mais, pour préciser davantage, on laissera le châssis au soleil pendant quinze secondes et trois ou quatre minutes à l'ombre.

Encrage de la pierre.

Deux appareils sont indispensables pour encrer la pierre. Cette opération se fait dans le cabinet noir où nous avons mixtionné la surface.

On prépare l'encre, qui doit être de l'encre de report, en l'additionnant de vernis gras. On rend le mélange intime mais dur en se servant du couteau à ramasser, et l'on en couvre d'une couche mince toute la superficie du rouleau.

Il faut deux rouleaux à encrer. Ils servent à tour de rôle. Ces appareils doivent subir un traitement préalable. Ils doivent être faits, et il faut un certain temps pour les rendre propres à l'emploi. Il est impossible de faire un bon encrage si les rouleaux ne sont pas en état de fonctionner convenablement.

Voici la manière de les préparer. Ce travail est ennuyeux, mais il est indispensable. Il n'est pas à refaire, du reste, car un bon rouleau sert indéfiniment; il s'améliore par l'usage, s'il est soigné.

On prend une pierre lithographique qui ne doit servir qu'à cette fin, et l'on y applique à l'aide d'un couteau en fer, un peu d'encre délayée avec le vernis gras, qui est le complément du noir d'impression.

Le lecteur fera bien de ne pas tenter de préparer ces produits dans le laboratoire. L'industrie est mieux outillée et on les trouve sans difficulté.

On roule alors, en appuyant vigoureusement dans tous les sens. Le cuir du rouleau s'imbibe peu à peu.

Il prend avidement le noir au début, mais après quelques heures de travail, il en est imprégné suffisamment.

On peut s'en servir alors pour encrer la pierre. Il peut suffire aux premiers essais, mais il ne pourra rendre tous les services qu'on lui demande que plus tard, quand il aura été durci par l'usage, et que le grain sera fait. Le second rouleau, dont nous déterminerons l'emploi, subira le même traitement.

Pour charger l'appareil de noir d'impression,

on le roule lentement, sur la pierre à encrer, en exerçant une pression suffisante. On recommence cinq ou six fois cette manœuvre de bas en haut. Il doit quitter la pierre quand il a atteint sa course et rouler sur lui-même, si l'appareil est à fourchette, pour être appliqué de nouveau dans le bas de la pierre et remonter avec pression vers l'autre extrémité. On le promène ensuite en diagonale de gauche à droite, et réciproquement. On ne s'arrête que lorsque la pierre offre une surface noire et uniforme.

Nous n'apercevons jusque là aucune trace de dessin; comme dans la Photographie au charbon, nous sommes en présence d'une surface noire sur laquelle rien n'est indiqué.

C'est à ce moment que le second rouleau trouve son emploi. Le premier sert à encrer la pierre, nous employons le second pour développer l'image.

Ce développement est rapide, instantané.

Nous disposons à cet effet un récipient plein d'eau fraîche dans lequel la pierre tout entière puisse être immergée. On mêle à l'eau 2 pour 100 d'acide nitrique et la même quantité de gomme en poids.

Sans hésitation nous plongeons la pierre dans l'eau préparée et nous la retirons immédiatement. L'eau ne doit la couvrir que pendant une seconde: ce point est important. Ce traitement irrégulier, et qui n'a pas de précédent, pourra surprendre le lecteur. Peu importe, nous engageons à opérer suivant les indications que nous donnons, car le résultat en sera la conséquence immédiate.

La pierre ruisselante est posée sur une table, et prenant alors le second rouleau, nous opérons comme si nous voulions l'encrer une seconde fois, mais le travail que nous allons faire est l'inverse du premier. L'encre quitte alors la pierre dans les parties qui doivent rester blanches.

Pour encrer, le cuir doit rouler lentement, mais avec pression sur la surface de la pierre, avec un mouvement régulier.

On désencre en imprimant au rouleau un mouvement accéléré, rapide. Le cuir glisse en effleurant la couche, sans écrasement. Le poids du rouleau détache l'encre déposée qui n'a pas d'adhérence sur la surface humide de la pierre. Nous avons dit au début qu'un des principes de la Lithographie était la répulsion que les corps gras ont pour l'eau.

Nous voyons ici l'application de ce principe.

C'est surtout au début de cette opération qu'il faut une grande légèreté de main.

On exerce plus de pression à mesure que le développement avance.

Il est facile de comprendre pourquoi l'encre abandonne la pierre sur certains points, tandis qu'elle reste adhérente sur d'autres.

La gomme bichromatée, influencée par la lumière, étant devenue insoluble, résiste à l'attaque de l'eau, et le noir s'appuyant sur une base solide ne cède pas.

Le contraire a lieu pour les parties qui ont été soustraites à la lumière par les noirs du cliché négatif. La solution de gomme n'a rien perdu de sa solubilité dans l'eau ; elle est donc dissoute par l'immersion, et sur ces points, le noir se détache à mesure que la gomme cède, et l'encre s'attache au rouleau.

Le développement est une opération mécanique, simple et rapide. C'est sur ce point cependant que toute l'attention de l'opérateur doit se porter.

On nous permettra donc d'entrer dans quelques détails.

Nous passons donc le rouleau après l'immersion rapide de la pierre dans l'eau acidulée et gommée.

L'action de ce contact offre le même intérêt que le passage du bain de fer sur la glace nitratée et insolée. L'image est révélée immédiatement et dans toute sa netteté si la pose est exacte, surtout avec la gomme ; l'action est plus lente sur albumine. Le rouleau même n'est pas nécessaire pour se rendre compte du résultat. L'image se montre sous la nappe d'eau. Elle se trouble, il est vrai, aussitôt que l'eau n'agit plus sur la surface encrée. C'est le rouleau qui doit réparer ce désordre momentané. On le passe d'abord délicatement sur le dessin et ensuite plus vigoureusement, et après un travail de quelques minutes, l'encre se fixe sur les lignes qu'elle doit noircir et abandonne les marges de la pierre et les blancs de l'épreuve.

Nous **supposons** dans ce cas que la pose est exacte.

Cette immersion après l'encrage de la pierre dans l'eau gommée et acidulée avant que le dessin ne se soit révélé, s'éloigne du procédé suivi en lithographie ordinaire.

Nous prions le lecteur de ne pas confondre deux opérations différentes.

Nous aurons aussi recours à l'acidulation du lithographe. Nous fixerons plus tard notre dessin en suivant la méthode usitée. L'emploi de la gomme acidulée dont nous parlons ici est inhérente au procédé. Il n'est pas possible, en quelque sorte, d'obtenir le dessin sans l'aide du mélange de gomme et d'acide pendant le développement.

Ce point demande explication. Il est en quelque sorte la clef de la méthode que nous exposons.

Ce que le lithographe sait fort bien, mais ce qui est peut-être ignoré de beaucoup de nos lecteurs, c'est l'emploi de la gomme acidulée.

Nous avons dit ailleurs que la ligne tracée au crayon gras sur la pierre y adhérait avec force et nous avons ajouté que, sous l'action de la presse, cette ligne avait une tendance à s'élargir.

Pour prévenir cet accident, le lithographe gomme d'abord la pierre et l'acidule ensuite. Il y a quelquefois unité dans l'opération, on mélange alors la gomme et l'acide azotique. L'acide est à 2 pour 100 en proportion avec l'eau employée.

L'opération est d'autres fois dédoublée. On passe l'eau gommée :

$$\text{Eau} \dots \dots \dots \dots \dots \dots \dots \dots \dots \dots \dots \quad 100^{cc}$$
$$\text{Gomme} \dots \dots \dots \dots \dots \dots \dots \dots \dots \quad 10^{gr}$$

On sèche la préparation avec la main en décrivant des cercles sur toute la surface de la pierre et on laisse sécher.

Le lendemain, ou quelques heures après, on lave la gomme et l'on couvre la pierre d'eau acidulée :

$$\text{Eau} \dots \dots \dots \dots \dots \dots \dots \dots \dots \dots \quad 100^{cc}$$
$$\text{Acide azotique} \dots \dots \dots \dots \dots \dots \dots \quad 2$$

C'est ce que nous appellerons l'acidulation normale.

Cette méthode appliquée après coup, diffère, comme on le voit, de l'acidulation et du gommage que nous faisons subir à la pierre, même avant le développement du dessin.

Ce traitement anticipé de la surface encrée, est une des bases du procédé.

Nous établissons cette distinction pour qu'il n'y ait pas confusion dans l'esprit du lecteur.

Le dessin, avons-nous dit, se montre sur la pierre sous l'eau avant l'emploi du rouleau ; mais toutes les lignes se confondent aussitôt que la surface encrée abandonne le milieu du liquide.

Nous prions le lecteur de nous suivre avec attention à ce moment important et capital de l'opération.

Sous la pression du rouleau, l'encre qui s'étalait sur toute la pierre, rentre dans ses limites et quitte les blancs du dessin pour s'attacher au rouleau. Pendant cette opération, le dessin est toujours net ; mais, comme il y a excès d'encre sur la pierre, le dessin se trouble de nouveau si l'action du rouleau cesse, et à moins d'avoir une pose exacte, et nous expliquerons pourquoi, il ne serait pas possible d'empêcher le noir d'impression de s'étendre hors des lignes sur lesquelles il devrait se fixer sans se déverser sur les points voisins.

On peut comparer l'encre à l'eau d'un ruisseau qui déborderait dans tout son parcours et qu'il faut endiguer pour le forcer à rester dans son lit.

Il nous faut donc avoir recours à l'acidulation et au gommage qui doit se faire avec une grande dextérité par l'immersion de la pierre. C'est en quelque sorte le bain de fer qu'il faut jeter en nappe régulière et d'un seul coup sur la glace collodionnée sous peine d'avoir des taches et des parties irrégulières dans le cliché. Le cas est identique.

Quand, à l'aide du rouleau, nous avons maintenu suffisamment l'encre sur les lignes et que le dessin paraît fixé, nous portons la pierre sous le robinet de la fontaine du laboratoire

Les quelques secondes nécessaires au déplacement amènent encore un grand désordre dans les lignes. On ne doit pas s'en inquiéter.

On fait couler l'eau en nappe sur la surface de la pierre et l'encre reprend sa place. S'il y avait encore écart, ce qui arrive quelquefois, le dessin serait définitivement fixé par un dernier coup de rouleau.

On laisse alors sécher la pierre. On fait les corrections, s'il y a lieu, au crayon lithographique, et l'on gomme pour aciduler ensuite.

Ce qu'il faut observer en développant.

Dans le développement que nous finissons d'expliquer, nous avons supposé que la pose était exacte. Mais les choses se passent autrement s'il y a excès d'insolation ou manque de pose.

Dans le dernier cas, le noir est entièrement enlevé sous la couche d'eau et il reste à peine sur la pierre une trace d'image d'un ton gris. Les noirs n'ont pas de vigueur. L'opération est à recommencer.

Si l'exposition à la lumière a été trop prolongée, l'encre abandonne difficilement la pierre, l'image, malgré la couche noire qui la recouvre, laisse entrevoir quelques contours sous l'eau. Le rouleau la dégage, mais elle se montre sans netteté et l'encre adhère fortement sur les marges. Un travail prolongé améliore le dessin, mais on arrive rarement à le rendre propre au tirage. Nous ferons observer toutefois qu'on peut se tromper dans ce dernier cas. Telle épreuve qui paraît trop insolée, se développe très bien sous l'action du rouleau. Si, après l'immersion, l'image commence à se dégager, quoique recouverte par une teinte grise générale, le développement doit être continué, car l'épreuve peut devenir très belle. Dans ce cas, on plonge de nouveau la pierre dans l'eau préparée, mais rapidement. Une seconde d'immersion suffit. On recommence ensuite le traitement au rouleau.

En général, on amène presque toujours les épreuves qui se montrent d'abord voilées par une teinte grise. La couche d'encre qui adhère sur les blancs par suite d'un léger excès d'insolation, finit par s'attacher au rouleau si l'on a le soin de fatiguer la couche.

Nous préférons donc un léger excès dans le temps de pose puisqu'on arrive au résultat par le travail du rouleau, et nous dirons que la vraie pose est celle qui pèche par excès. Il est plus agréable d'apercevoir une image parfaite en immergeant la pierre dans l'eau, mais, après une pose insuffisante, il est rare qu'une partie des déliés ne soient pas perdus dans le développement.

On ne doit plus toucher à la pierre quand on

est satisfait de l'épreuve. On la laisse reposer et sécher jusqu'au lendemain. Dans l'intervalle, l'encre en séchant contracte beaucoup d'adhérence.

Par suite d'expériences plus récentes, nous sommes autorisé à conseiller aux opérateurs d'adopter dans le développement de l'héliographie les modifications qui suivent :

On ne plonge pas la pierre dans l'eau. Après avoir fait un tableau noir avec un rouleau légèrement encré à l'encre de report un peu dure, on passera une éponge humide sur la pierre.

L'éponge sera d'abord trempée dans l'eau acidulée, puis essorée. Le même rouleau qui a étendu le noir servira à désencrer.

En fatiguant la surface suffisamment humectée, le dessin se dégagera peu à peu et ne tardera pas à se montrer dans toute sa pureté.

La méthode décrite dans ce Chapitre est surtout applicable à la reproduction du trait. Elle présente plus de difficultés dans l'exécution des travaux de demi-teintes, même en opérant sur des pierres grainées.

Nous revoyons ce Traité dans son entier, et dans cette nouvelle édition, mise au niveau des progrès les plus récents dans l'impression photolithographique, on trouvera des méthodes qui permettent, par suite de modifications dans la conduite de l'opération, d'obtenir plus simplement des résultats supérieurs.

C'est pour ces motifs que nous conseillons de ne traiter par ce procédé que les dessins au trait. En restant dans cette limite, on en tirera un excellent parti, si l'on ne vise pas à la production d'un très grand nombre d'exemplaires. Pour un long tirage, la méthode à l'albumine sera mieux appropriée au travail en procédant par report. On rentrera dès lors et dès le début dans l'impression lithographique ordinaire.

Il vaut mieux, même en travaillant avec le procédé qui nous occupe, se servir d'albumine que de gomme. Cette méthode n'est que demi-lithographique. L'encre n'adhère pas directement sur la pierre, mais sur la couche de gomme ou d'albumine qui reste sur la surface calcaire par suite de son insolubilisation et que l'eau n'a pu enlever. Il en résulte quelquefois qu'une partie du dessin faiblit au tirage si l'imprimeur n'a pas une expérience suffisante et une grande habitude de manier le rouleau. Mais cet accident est beaucoup moins à craindre si l'on remplace la gomme par l'albumine.

On verra dans un autre Chapitre que la couche d'albumine sur zinc est de beaucoup supérieure à la mixtion de gomme bichromatée sur pierre.

Nous avions indiqué ce procédé, même pour la demi-teinte, et il n'y avait rien d'inexact dans nos affirmations, pour tenter le lithographe routinier qui ne voulait pas alors entendre parler de Phototypie.

Ce que nous avions prévu au début de l'Ouvrage s'est réalisé et l'impression sur gélatine s'est depuis lors affirmée. Elle est en pleine production.

Gommage. — Acidulation. — Emploi de l'essence de térébenthine.

La gomme, en solution épaisse, est indispensable dans l'atelier. Elle sert au tirage et au gommage.

On reprend donc la pierre laissée la veille et l'on couvre de gomme la surface encrée. On s'efforce, en l'étalant vigoureusement avec la paume de la main, de la faire pénétrer dans les pores. On sèche la gomme par la friction.

On laisse encore une fois reposer le tout et l'on acidule après un nouvel encrage.

Mais il faut auparavant dégager la surface de, toute trace de gomme, par un lavage complet, sous un robinet ou dans un baquet d'eau.

Dans ce procédé, il n'est pas nécessaire que l'acidulation soit aussi vigoureuse que dans la Lithographie ordinaire.

On peut obtenir beaucoup de solidité et un long tirage, si l'eau additionnée d'acide nitrique n'est que franchement acide à la langue.

On laisse agir l'acide dilué pendant une minute, et moins si le dessin est trop attaqué.

L'acide nettoie la pierre et la dégage de tous

corps étrangers. Nous avons dit que l'encre lithographique en contact avec la pierre forme un
savon calcaire. Le rôle principal de l'acide est de
décomposer le savon et de mettre le corps gras en
liberté. Il faut laver ensuite à grande eau et le
tirage, dès que la pierre est sèche, peut être com-
mencé.

Il est d'usage en Lithographie d'effacer à l'essence, après un premier encrage, le dessin préparé au crayon ou au lavis par l'artiste.

L'épreuve vient ensuite plus pure et plus nette
sous le rouleau.

Il reste à peine trace du dessin après cette opération. Le trait se montre faible et gris, mais il
remonte peu à peu sous l'effort du rouleau pour
reprendre sa première vigueur.

On rencontre quelquefois certaines difficultés
pour ramener la pierre à reprendre l'encre, surtout quand on a employé un acide trop fort. On
dit alors que la pierre est brûlée.

Nous donnons ces explications pour ceux qui
ne sont pas initiés au métier et qui supposeraient
qu'un dessin enlevé par l'essence est un accident
irréparable.

Rien n'est perdu et le dessin reparaît toujours
sous le rouleau.

En effet, chaque épreuve au tirage enlève toute
l'encre qui doit être renouvelée constamment dans
le cours de l'impression.

L'enlevage à l'essence est du reste souvent indispensable, car la pierre s'empâte quelquefois; si la surface n'est pas suffisamment humide, et si le rouleau est trop pourvu d'encre. On est alors forcé, pour dégager le dessin, d'enlever tout le noir qui adhère à la pierre et d'encrer de nouveau la surface plus moite en tenant le rouleau moins chargé de noir. Nous reviendrons sur les détails en parlant de l'encrage qui se fait de la même manière, quel que soit le procédé.

Après cette explication, nous dirons que l'emploi de l'essence au début du tirage serait souvent nuisible en Photolithographie. Mais nous ne parlons que du cas spécial qui nous occupe, car nous enlèverons le dessin dans d'autres procédés.

Dans celui-ci, on fera bien d'encrer sur le premier dessin donné par la méthode, on n'enlèvera l'image que si le cas l'exige. Les premiers tirages fortifieront la pierre, et si un accident arrive et qu'on soit forcé de la nettoyer, on sera alors certain que la surface reprendra l'encre.

Mouillage du papier.

Le tirage lithographique se fait sur papier humide. Il y a exception pour le papier couché qui se tire sec.

Le papier ordinaire est mouillé douze heures avant l'impression.

On trempe une première feuille dans un baquet d'eau et sans attendre on l'étale sur une table. On place sur la feuille mouillée dix ou douze feuilles de papier sec et l'on intercale à mesure une ou deux feuilles mouillées et le même nombre de feuilles de papier sec.

On met sous presse et l'on attend que le tout soit uniformément pénétré.

C'est ainsi que l'on procède pour le papier sans colle, mais s'il est collé, il faut tremper un cahier tout entier dans l'eau. Environ cinq ou six feuilles à la fois.

On laisse égoutter une minute et l'on recouvre ce cahier d'un même nombre de feuilles sèches. On met sous presse.

Le poids d'une pierre lithographique exerce assez de pression.

CHAPITRE VII.

Clichés destinés à la Photolithographie et à la Phototypie.

On a à reproduire des demi-teintes ou du trait.

Un cliché de demi-teintes, portrait, crayon ou paysage, doit être tel qu'il puisse recevoir l'approbation du photographe ou de l'amateur qui connaît toutes les ressources de la Photographie.

C'est par le tirage ordinaire qu'il faut le juger. S'il donne avec une grande netteté sur papier argenté, et si les blancs et les noirs offrent l'harmonie voulue, il fournira des résultats analogues dans l'impression aux encres grasses.

Nous ferons remarquer cependant que les clichés vigoureux, mais à teintes bien fondues, donnent de meilleurs résultats.

Dans le tirage aux sels d'argent, la lumière met un certain temps à réduire le chlorure.

La décomposition s'opère lentement, elle se fait par degré. La couche à réduire est d'ailleurs sans épaisseur appréciable et le chlorure d'argent se groupe atome par atome.

Il n'en est pas de même quand la lumière n'accomplit pas son œuvre à elle seule, et quand on est contraint de suppléer à son action par un procédé mécanique.

Ce ne sont plus alors les lois d'attraction qui superposent atome sur atome, mais le résultat dépend en partie de la main qui juxtapose à l'aide du blaireau ou du rouleau lithographique molécule sur molécule.

On couvre avec épaisseur, et la main si légère qu'elle soit ne saurait continuer avec la même précision le travail délicat, microscopique, préparé par la lumière.

Il nous faut donc chercher dans un cliché harmonieux cette dégradation de teintes et de demi-teintes qui facilite la répartition graduée de l'encre d'impression.

Le cas n'est pas le même quand il s'agit du trait; on peut préciser ce qui est requis et indiquer avec exactitude quel doit être le cliché.

Les teintes sont fondues dans un portrait ou dans un paysage, mais dans la gravure, dans le dessin à la plume, il y a une franche opposition entre les blancs et les noirs.

Le gris doit être évité par tous les moyens possibles.

Il ne faut pas de transition, surtout si l'on opère

avec le papier de report à la gomme sur albumine coagulée.

La Photolithographie avec un tel cliché n'est qu'un jeu, mais il faut renoncer à tout résultat avec des négatifs incomplets, c'est-à-dire voilés.

Nous dirons tout à l'heure ce qu'on doit faire pour obtenir un bon cliché, mais nous croyons utile de faire en passant les deux remarques qui suivent :

1° *Les négatifs destinés à l'opération sur pierre directement et sans report doivent être retournés.*

2° *Les négatifs par la méthode sur papier avec report resteront dans le sens vrai.*

Le cliché, dans le sens vrai, est celui qui se fait ordinairement à la chambre noire en opérant suivant la méthode usitée dans le laboratoire.

Le négatif retourné s'obtient comme il a été dit, en renversant la glace dans le châssis de la chambre noire et en impressionnant à travers l'épaisseur du verre collodionné, mais essuyé avec un soin extrême.

Il vaut mieux, dans l'industrie, employer des clichés souples, détachés du verre et reportés sur un support en collodion cuir.

Le peu d'épaisseur de cette couche flexible permet de faire le tirage dans un sens ou dans l'autre, c'est-à-dire qu'on peut, dans le châssis-presse, appliquer la pierre ou le papier sur le côté qui porte l'épreuve ou sur le verso.

On comprendra l'importance de ce genre de clichés si l'on réfléchit qu'on peut, par ce fait, insoler dans un même châssis une série d'épreuves à la fois. On fait d'un seul coup une opération complexe.

L'épaisseur variée des glaces portant chacune un négatif ne se prêterait pas à ce travail multiple, qui est une grande ressource pour activer la production et diminuer les frais.

Négatifs sur collodion cuir.

Le transport sur collodion cuir est exécuté comme il suit :

L'opération commence quand le cliché est fini et que la couche de collodion est tout-à-fait sèche. On opérera, comme nous l'indiquons ci-après pour la méthode à la glycérine, avant de recouvrir la glace de gélatine et de collodion cuir.

Sur la surface préparée du négatif on versera une couche de gélatine à 10 pour 100.

On laisse sécher la gélatine et on la recouvre ensuite de collodion cuir. Quand le collodion a fait prise, on lave sous l'eau jusque au moment où le liquide coule librement sans laisser de larmes.

On laisse sécher le tout spontanément. Il suffit alors de découper à la pointe l'épreuve à 0^m.005 ou 0^m,006 des arêtes du verre, et le négatif se détache sans difficulté en le tirant par un des angles. On ne réussit que si la couche résultante est exactement sèche.

FORMULE DU COLLODION CUIR.

Éther rectifié à 62°.. . . . . 500^{cc}

Éther rectifié à 62°.. . . . . 500cc
Alcool rectifié à 36°. 500
Coton azotique. 2gr
Huile de ricin.. 5

On attend pour ajouter l'huile de ricin que le coton soit dissous.

On incorpore l'huile au produit en secouant vivement le flacon à plusieurs reprises. Il faut attendre que les bulles d'air se soient dégagées avant d'employer le collodion.

Il est préférable de préparer le produit plusieurs jours à l'avance, on peut le conserver longtemps. C'est l'addition de l'huile de ricin qui donne la souplesse à la couche.

Méthode à la glycérine.

Nous préférons l'emploi de la glycérine à celui du collodion cuir.

On laisse sécher le négatif après l'avoir désiodé et lavé, on vernit les bords et on l'immerge dans :

Eau. 1000gr
Acide chlorhydrique.. 50

Sous l'action de l'acide, la couche de collodion tend à quitter le verre. Quand on suppose que l'adhérence est rompue, et il est facile de s'en rendre compte par un léger mouvement imprimé à la cuvette, on retire délicatement la glace pour la remplacer dans une cuvette pleine d'eau fraîche.

Après un séjour de quelques minutes dans l'eau, on met le verre à sécher. Nous faisons observer qu'il n'y a pas de transport à faire. On fait dissoudre au bain-marie :

Eau.	100cc
Glycérine pure..	2
Gélatine grenétine..	10gr

On filtre au papier. On colle sur le cliché des bandes de papier, on les relève, on les relie ensemble pour former une cuvette dont le cliché fait le fond.

La gélatine sera versée dans ce cadre improvisé.

On recouvre, au préalable, le cliché d'une épaisseur convenable d'un collodion préparé, d'après la formule qui suit :

Alcool rectifié à 40°...	100cc
Éther rectifié à 63°..	100
Glycérine pure	2
Coton azotique..	4gr

On laisse au collodion le temps de s'évaporer et de sécher avant de verser la gélatine. Quand le tout est sec, on coupe la couche à la pointe et l'on enlève le négatif.

Ce cliché souple et flexible. et qui peut être

placé dans un châssis, sur une face ou sur l'autre, doit être conservé dans un livre. Il pourrait, abandonné de suite à l'air libre, se rouler sur lui-même. Mais cet accident n'est plus à craindre si on le met en presse pendant quelques jours. On obtiendrait une pellicule plus mince en recouvrant alternativement le cliché d'une couche de gélatine à 3 pour 100 et de collodion à 1 pour 100 de coton. On sèche, dans ce cas, chaque couche à la chaleur et l'opération est terminée en un quart d'heure.

Les méthodes de retournement qui précèdent ont leur valeur. Voici celle qui a été adoptée plus récemment dans tous les ateliers sérieux de reproductions héliographiques :

La glace qui doit recevoir provisoirement le négatif est talquée. La surface du verre est d'abord soigneusement décapée, comme il est d'usage en Photographie. On frictionne ensuite la surface qui recevra la nappe du collodion sensible avec un tampon de coton chargé de talc. Une pression vigoureuse est nécessaire. L'opération est terminée quand le verre devient mat et qu'on aperçoit une trace d'irisation égale sur toute la surface frictionnée. On enlève au blaireau ce qui reste de poussière libre.

On collodionne et l'opération est continuée comme s'il ne devait pas y avoir retournement.

On verra plus loin comment le négatif doit être traité, suivant l'emploi auquel on le destine.

Quand le cliché est sec, la glace est couverte d'une couche de caoutchouc dissous dans la benzine.

On trouve dans l'industrie la solution de caoutchouc, mais elle est trop épaisse pour l'emploi. On l'étend avec de la benzine rectifiée pour l'amener à la densité d'un collodion normal à 2 pour 100 de coton azotique.

La couche de caoutchouc étendue sur le cliché resterait poisseuse pendant plusieurs jours, mais le collodion normal qui doit la recouvrir peut être versé sur le verre aussitôt que la benzine s'est évaporée, c'est-à-dire une heure après.

On laisse le négatif au repos pendant trois quarts d'heure, pour lui donner le temps de sécher. Dès lors le collodion sensible qui forme le cliché, la couche de caoutchouc et le collodion normal versé en dernier lieu ne forment plus qu'une pellicule unique. Les trois couches superposées sont soudées ensemble et intimement liées l'une à l'autre. Le caoutchouc, par son élasticité et par sa solidité, s'oppose à tout accident et à toute déformation.

La pellicule est coupée à la lame à $0^m,01$ de l'arête du verre.

Le trait doit être net et sans bavure. Ce détail a son importance. Le collodion pelliculaire sera alors libre sur le verre et sans point d'attache.

La glace est alors placée dans une cuvette d'eau fraîche de dimensions plus grandes que celles de l'épreuve.

On plonge après une feuille de papier lisse ordinaire dans la cuvette. La feuille qui doit être taillée d'après les dimensions du verre, est appliquée sous l'eau sur la glace qui porte le cliché. On soulève délicatement un des angles du papier sur lequel on rabat l'angle de la pellicule qui y correspond. Il suffit dès lors d'exercer une légère traction. La pellicule se détache du verre et se fixe sur le nouveau support.

On mouille enfin une seconde feuille en tout pareille à la première et cette feuille est posée sur la pellicule. Le négatif se trouve ainsi pris entre le premier et le second papier, le tout portant sur une glace quelconque qui sert de support pour faciliter l'opération.

On rabat un des angles de la pellicule comme précédemment sur le second papier, celui qui est en dessus, et par traction la pellicule quitte le premier support flexible pour se fixer sur le second.

Il ne reste plus alors qu'à passer une couche de gomme à 10 pour 100 bien filtrée sur une glace décapée. On y applique la dernière feuille de papier qui porte le négatif pelliculaire retourné par ce double transport.

Un chiffon souple délicatement passé sur le dos de la feuille de papier humide fait disparaître les plis et chasse les bulles d'air qui s'interposent entre la surface du verre et la pellicule. On enlève du verre le support transitoire et la pellicule reste attachée à son support définitif.

Il est bon, en été surtout, que le négatif ne sèche pas trop vite. Il y aurait soulèvement et déchirure si l'on voulait trop activer cette dernière opération.

On peut, en suivant cette méthode de retournement qui donne des clichés pelliculaires très résistants et sans épaisseur, fixer à demeure fixe et sans déplacement possible une série de négatifs sur la glace du châssis-presse.

Les clichés positifs ou négatifs peuvent être repris après le travail. On plonge la glace du châssis-presse dans une cuvette d'eau fraîche qui dissout le peu de gomme qui resserrait les pellicules sur la glace.

Les clichés sont remis sur papier et placés dans un livre, quand ils sont secs.

Nous préférons personnellement supprimer l'opération du talcage dans cette méthode de retournement. La pellicule contracte moins d'adhérence sur le verre qui a été simplement nettoyé.

Mais l'emploi du talc est indispensable si la pellicule doit être détachée du verre à l'état sec comme il a été dit dans les méthodes qui précèdent et dans lesquelles la gélatine joue un rôle important.

Retournement des vieux négatifs.

On peut toujours retourner les vieux négatifs en passant par le cliché positif fait à la chambre. On lira dans notre *Traité pratique de gravure héliographique et de galvanoplastie* (¹) la manière de procéder.

Nous dirons ici seulement qu'il faut prendre l'épreuve à travers le verre du cliché primitif. C'est le côté non verni qui doit faire face à l'objectif.

Le nouveau cliché est tiré sur ce positif, au châssis-presse, par superposition, avec une glace préparée au collodion sec.

On peut opérer, du reste, le soir à la lumière du gaz. Il suffit d'exposer la glace sèche sur le cliché pendant 25 ou 30 secondes devant un simple bec, dit papillon. Une feuille de papier blanc est un réflecteur économique, mais suffisant.

A défaut de gaz, si les glaces ont été sensibilisées dans un laboratoire à verres jaunes et sans lumière, on peut, en cinq minutes, obtenir l'épreuve en l'exposant à la lueur d'une simple bougie ou d'une allumette en cire.

On révèle et l'on développe d'après la méthode indiquée pour le collodion sec.

(¹) GEYMET, *Traité pratique de gravure héliographique et de galvanoplastie*. 3e édition. In-18 jésus; 1885 (Paris, Gauthier-Villars

Les clichés au collodion sec ou humide sont supérieurs, pour la gravure et pour la Photolithographie, aux négatifs développés sur les glaces au gélatinobromure.

Qualités du cliché destiné à la reproduction du trait.

Nous avons dit, en commençant ce Chapitre, que les clichés pour reproduire le trait devaient présenter toute l'opposition possible entre les blancs et les noirs, et que tout le succès dépendait de cette condition.

Mais un bon cliché de trait est difficile à obtenir, et d'autant plus difficile, qu'on est porté à le croire parfait sur une inspection superficielle.

On doit se rendre compte de sa valeur réelle par le tirage sur papier albuminé, si l'on n'a pas assez d'habitude pour le juger *de visu*.

Tout négatif qui donnera des demi-teintes dans les blancs, qui, dans l'intervalle des traits, teintera le papier sur une partie quelconque de l'épreuve, doit être rejeté. L'épreuve d'essai doit être blanche et noire et libre de tout voile.

Toutefois, comme l'insolation du papier de report n'exige pas une longue pose, un cliché qui, après une exposition normale, donnerait sur l'épreuve d'essai une teinte grise générale et uniformément répandue, pourrait servir en Photolithographie.

Ce cas se produit quand on a à reproduire une ancienne gravure jaunie par le temps, ou bien encore quand on opère dans les journées d'hiver peu éclairées.

Mais pour ne pas risquer le résultat, nous préférons, avec un cliché douteux, opérer directement sur gélatine, sans report, comme s'il s'agissait de demi-teintes.

Voici quelques indications sur la manière d'obtenir ce genre de cliché :

Le point principal est de trouver le temps de pose exact. On révèle au bain de fer et l'on renforce à l'acide pyrogallique pour commencer.

Le point délicat, c'est de charger le fond pour le rendre opaque, sans voiler et sans couvrir les déliés les plus fins. On évite difficilement cet écueil quand on a à reproduire, par exemple, une gravure anglaise.

Le bichlorure de mercure, dont l'emploi doit être rejeté dans le développement des clichés de portraits et de paysages, est dans ce cas d'un puissants secours. Mais il faut l'employer avec tact et porter en opérant une attention soutenue sur les finesses qu'il faut conserver quand même. On peut arriver à ce résultat par l'emploi seul de l'acide pyrogallique.

Le secret de la méthode réside tout entier dans l'habileté de l'opérateur. C'est à lui de guider la réaction.

Si le renforcement est exagéré, on peut dégager le cliché à l'aide du cyanure de potassium. On lave et l'on renforce à nouveau en évitant de tomber dans le même excès.

Si, par défaut d'habitude, on n'obtenait pas de lumières nettes sur fond opaque, il vaudrait mieux opérer par le procédé aux demi-teintes.

La méthode qui sert pour renforcer les clichés est peu connue, elle n'est applicable qu'au cas dont nous parlerons, mais elle donne des résultats tels que nous la conseillons, à l'exclusion de toute autre.

Que le lecteur se persuade bien que nous n'avons pas de parti pris.

Ce n'est pas, la plupart du temps, nos propres découvertes que nous expliquons; nous ne cherchons pas, d'autre part, à pénétrer les secrets de ceux qui veulent les garder, mais nous décrivons loyalement les essais qui nous réussissent; et l'opérateur peut adopter sans hésitations nos formules et notre manière d'opérer, par la raison fort simple qu'il n'est question dans nos Traités que des moyens pratiques que nous sommes toujours prêts à démontrer, et qui donnent, dans nos mains, des résultats constants.

Quand vous lirez ce Traité, nous aurons démontré, depuis longtemps, en séance publique, à la Société Française de Photographie, que les résultats que nous affirmons ne sauraient être discutés.

7.

Voici donc le moyen d'obtenir des clichés avec des lumières vives sur un fond impénétrable à la lumière.

On versera dans un flacon n° 1 :

Eau distillée	100cc
Bichlorure de mercure.	2gr
Alcool rectifié à 36°.	10

On doit laisser l'alcool en contact avec le bichlorure quelques heures avant d'ajouter l'eau.

Dans le flacon n° 2 :

Eau distillée..	100cc
Iodure de potassium..	2gr

On couvre le cliché avec le contenu du flacon n° 1, on lave et l'on y verse ensuite l'iodure de potassium.

Sous l'iodure de potassium, le cliché prend une teinte jaune citron qui s'oppose au passage du rayon.

Les lumières sont tranchées avec une netteté remarquable. Elles sortent franches et sans le moindre voile.

On peut encore, après le bain de fer, renforcer au sulfhydrate d'ammoniaque.

Eau.	50cc
Sulfhydrate d'ammoniaque.. . . .	15

En dehors du gélatinobromure qui ne vaut pas, à beaucoup près, les procédés au collodion dans l'application de la Photographie à la gravure et à la Lithographie, les praticiens préfèrent aujourd'hui renforcer les négatifs au bichlorure de mercure et à l'ammoniaque, et nous partageons leur avis. Ce renforcement est généralement adopté dans les bons ateliers.

Les négatifs à fond rouge, dont les manipulations et les formules ont été indiquées dans notre *Traité de gravure sur zinc* (¹) sont encore d'un excellent emploi dans l'impression du trait.

Mais ce renforcement présente des difficultés qui ne se rencontrent pas avec l'emploi de l'ammoniaque et du sel de mercure.

On s'expose avec le sulfhydrate d'ammoniaque et avec le sulfure de potasse à boucher dans le négatif les traits délicats du dessin.

Ce n'est qu'un bon praticien qui peut régler convenablement le renforçage.

Du reste, l'emploi de l'ammoniaque et du bichlorure étant supérieur à tout en fait de renforcement dans les négatifs de traits, on fera bien de l'adopter et de négliger les autres formules.

FORMULES.

Bain nº 1, A.

    Eau distillée. . . . . 500^{gr}

    Alcool rectifié. 100

    Bichlorure de mercure . . . . 50^{gr}

(¹) GEYMET, *Traité pratique de gravure et d'impression sur zinc par les procédés héliographiques.* 2 vol. in-18 jésus ; 1887 (Paris, Gauthier-Villars).

L'alcool sera versé sur le bichlorure une heure avant l'eau distillée. Ce sel, soluble dans l'alcool, l'est à peine dans l'eau.

Quelques opérateurs remplacent l'alcool par quelques gouttes d'acide chlorhydrique. Cette méthode n'est pas à suivre.

Bain n° 2, B.

Eau distillée	200cc
Ammoniaque liquide	100

Le cliché terminé est placé après un lavage soigné dans une cuvette en gutta-percha qui, par sa couleur brune, laisse mieux juger de la réaction.

On verse dans le récipient le bain de mercure préalablement filtré au papier et on laisse le négatif en contact avec le bain jusqu'au moment où le cliché a pris une teinte d'un blanc bleuté. Cette teinte doit être uniforme et bien accentuée.

Le cliché, sorti de la cuvette, est soigneusement lavé sous le robinet de la fontaine du laboratoire. On le porte ensuite dans une seconde bassine, où l'on a versé le bain d'ammoniaque.

On examine le résultat de minute en minute, puis on le retire quand il a atteint, comme vigueur, l'opacité voulue dans les noirs.

Il ne faut pas se presser de retirer le cliché du bain de mercure, qui est la base du renforcement. Une demi-heure d'immersion ne saurait nuire.

Clichés factices.

Ce transparent, fait à la pointe, n'est pas à la portée de tous.

Nous en parlons au point de vue de l'industrie à laquelle il peut rendre de grands services.

On rend, par leur intermédiaire et par voie lithographique, et à s'y méprendre, la gravure à l'eau-forte.

Ce nouveau procédé facilite singulièrement le travail du graveur.

L'aqua-fortiste couvre une planche de cuivre ou d'acier avec un vernis impénétrable aux acides. Il découvre ensuite le métal à la pointe, suivant les traits qui forment le dessin.

Le métal, mis à nu par le burin, est ensuite attaqué par l'acide azotique dilué, et les traits gravés en creux dans la planche de cuivre sont encrés comme la taille-douce et imprimés sur le papier.

On peut, par voie photolithographique, opérer plus facilement, plus vite et avec moins de frais, et le travail a le même attrait pour l'artiste.

Il suffit de recouvrir une glace d'une couche noire, rouge ou jaune, mais opaque. La couleur rouge ou jaune doit être préférée. On peut, par leur emploi, se rendre un compte exact de chaque coup de burin.

On place la glace préparée sur une feuille de papier noir. On improvise ou l'on copie, suivant le cas.

L'opération achevée, on produit un négatif possédant toutes les qualités requises pour la reproduction du dessin au trait. On se sert de ce transparent comme d'un cliché. On impressionne le papier gommé au châssis-presse et l'on reporte comme il a été dit.

Préparation des plaques pour clichés factices.

On étend, avec un rouleau de gélatine, sur une glace, la préparation dont la formule suit.

La couche doit être régulière et assez unie.

Cire blanche ou jaune.	5^{gr}
Vernis lithographique.	10
Benzole.	100^{cc}

Quand le tout est dissous dans la benzine et que le mélange est intime, on verse une quantité quelconque de ce vernis sur une pierre lithographique.

On en charge également le rouleau en gélatine, qu'un rouleau en peau ne saurait remplacer, et on le promène sur la glace à préparer.

On passe ensuite au blaireau la poudre colorée sur la surface du verre et l'on obtient, avec un peu de soin, une couche opaque d'épaisseur égale, que le burin enlève net et sans bavure à cause de la souplesse de la cire qui entre dans la préparation.

Nous ignorons les moyens employés par la maison qui livrait des glaces toutes prêtes aux artistes. Nous constatons seulement que les couches que nous avons préparées et essayées se prêtent à tous les caprices du burin.

Retournement des clichés au gélatinobromure.

Le retournement des clichés au gélatinobromure, dont il ne pouvait être question dans les premiers tirages de ce Livre, puisque le procédé n'était pas encore connu, doit trouver place dans cette nouvelle édition.

Un assez grand nombre de méthodes ont été indiquées pour détacher la pellicule de gélatine de la glace.

Celle qui suit se comporte bien. Elle est, de plus, applicable aux glaces sèches de toutes marques.

La couche de gélatine se sépare sans difficulté du verre quand le cliché sèche sans passer par le bain d'alun.

En cas contraire, la pellicule tarde plus ou moins à se soulever, mais on arrive, avec un peu de patience, à lui faire abandonner quand même son premier support.

Alun 100ᵍʳ
Acide citrique.   5
Eau. 300ᶜᶜ

Le verre est immergé pendant une heure pour
les vieux négatifs, dans le bain d'alun acidulé.
Après ce laps de temps, la pellicule se détache du
verre par une légère traction exercée sur un des
angles.

Le cliché pelliculaire au gélatinobromure prend
dans les bains acides, dont l'emploi est forcé pour
faciliter la séparation des surfaces juxtaposées,
des proportions beaucoup plus grandes.

L'acide, en agissant sur les molécules de gélatine, en accroît les proportions. Un bain trop acidulé pourrait dissoudre complètement la couche.
C'est à cause de cette propriété de l'acide, en général, que nous avons indiqué une méthode nouvelle de morsure sur des couches épaisses de gélatine vigoureusement insolées par devant, et
soumises ensuite à l'attaque de l'acide sulfurique
dilué.

On sera donc prudent dans l'acidulation du
bain. La proportion d'acide citrique ne doit être
portée à un degré plus élevé que celui que nous
avons indiqué, que dans le cas d'une résistance
opiniâtre.

Les bains alcalins produisent l'effet contraire

et toute pellicule qui s'est élargie dans le bain acide reprend ses proportions normales dans un bain alcalin. Mais l'alcool est l'agent auquel il convient de recourir pour forcer la pellicule à rentrer dans les limites du verre sur lequel elle a été d'abord versée, comme couche sensible.

Quand l'opération porte sur des pellicules de grande taille : 30 × 40, 50 × 60, et ce cas se présente souvent en Photolithographie, il est prudent, avant de porter le verre dans la cuvette du bain acide, de doubler la couche devenue cliché d'une autre couche de gélatine ordinaire.

On attend que le négatif soit sec pour effectuer cette doublure.

Une solution de gélatine à 10 pour 100 filtrée donne une solidité suffisante à la couche résultante.

La glace est placée sur un triangle à vis calantes. On verse le renfort sur le négatif, préalablement mouillé, pour faciliter l'adhérence des deux couches et pour prévenir les bulles d'air. On attend que la glace ait pris un aplomb parfait sur l'indication du niveau d'eau, qu'on dirige par la manœuvre des vis.

Cette doublure, qui peut être négligée dans le retournement des négatifs ne dépassant pas 24 × 30 comme limite extrême, est absolument nécessaire pour manier les grandes surfaces de gélatine.

La pellicule de gélatinobromure résiste à son poids dans les dimensions qui viennent d'être indiquées. Elles se déchireraient infailliblement à partir de 30×40, sauf exception. Mais il vaut mieux être prudent et se prémunir contre les accidents dans le traitement des grands clichés pelliculaires.

Cette couche supplémentaire occasionne, il est vrai, du retard dans l'opération du retournement, puisque le bain acide a à vaincre la résistance de la couche superposée; mais, si l'on considère qu'un grand cliché qui se déchire faute de soin est à refaire, on conviendra qu'une heure de retard ne doit pas être mise en cause dans le travail de l'atelier, puisqu'elle supprime un accident fréquent, qui ne peut être réparé qu'après plusieurs jours d'attente.

Nous avons vu beaucoup d'opérateurs trop pressés qui n'exécutaient pas, en une semaine, ce qui peut être fait dans une journée. La précipitation est une cause certaine de retard dans les travaux de ce genre.

Nous avons indiqué dans le Volume cité précédemment, le retournement par l'acide fluorhydrique, que nous croyons supérieur à toute autre méthode.

En acidulant l'eau à 5 pour 100 d'acide fluorhydrique, il n'y a pas de danger à manier à mains nues la pellicule dans le liquide. Il suffit de plonger quelquefois les doigts dans un vase rempli d'eau alcalinisée par quelques centimètres cubes d'ammoniaque liquide. On peut, au besoin, se frictionner les mains avec quelques gouttes d'huile avant de commencer l'opération. Les grands négatifs seront doublés comme dans le cas précédent.

Clichés retournés à la plombagine.

Nous avons communiqué à la Société de Photographie, à la séance publique du mois de juillet, avec des épreuves à l'appui, un moyen fort simple, non seulement pour retourner les clichés, mais encore pour les multiplier à volonté.

Les épreuves sur papier, tirées sur le cliché primitif et sur le cliché-type n'offrent pas de différence.

On peut, en outre, grainer le cliché (particularité qui a son importance dans l'héliographie).

Nous avons, du reste, écrit une brochure pour propager un genre de Photographie analogue, intitulée : *Traité pratique de Céramique photographique* (Épreuves irisées d'or et d'argent) (¹), qui repose sur le même principe. A l'aide des tours de main que nous avons expliqués, on peut multiplier à l'infini une carte de visite ou une photographie

---

(¹) GEYMET , *Traité pratique de Céramique photographique*. Épreuves irisées or et argent. (Complément du *Traité des émaux photographiques*). In-18 jésus : 1887 (Paris, Gauthier-Villars).

quelconque. Il suffit de décoller l'épreuve, qui remplace alors le cliché.

La méthode à la plombagine et aux poudres de bronze, honorée d'une médaille d'or à l'Exposition universelle de Vienne, a pris beaucoup d'importance depuis que la reproduction en creux et en relief des clichés photographiques est entrée de plein droit dans l'industrie de l'imprimeur.

Il n'y a qu'à suivre le procédé sans modification pour constituer le contre-type retourné d'un négatif de traits.

Nous entrerons dans quelques détails essentiels à connaître et inédits au sujet de la transformation des clichés de demi-teintes en clichés grainés par l'application de la méthode.

Le lithographe aura alors, quel que soit le type qu'on lui donne à reproduire lithographiquement, le moyen de transformer le type en négatif propre à être tiré sur pierre lisse.

Il pourra encore, s'il veut obtenir certains effets, faire son report sur pierre grainée et combiner le grain du cliché résultant, avec le grain de la pierre lithographique.

En se reportant à ce que nous avons dit dans notre *Traité des émaux photographiques* (¹), on se souvient que nous obtenons une épreuve positive en

____

(¹) Geymet, *Traité des émaux photographiques. Secrets (tours de main, formules, palette complète, etc.) à l'usage du photographe émailleur sur plaques et sur porcelaines.* 3e édition. In-18 jésus; 1885 (Paris. Gauthier-Villars).

insolant à travers un cliché de même nature. C'est un positif, en un mot, qui reproduit un second positif, c'est-à-dire le contraire d'un tirage ordinaire.

Par suite, nous aurons avec un cliché négatif un autre négatif de même valeur que le type.

On prépare d'abord la liqueur sensible dont la formule suit :

Eau	100ᶜᶜ
Eau saturée de bichromate d'ammoniaque.	20
Gomme arabique.	5ᵍʳ
Glucose	5

On filtre au papier avec un soin minutieux. La poussière est l'écueil du procédé.

Ce mélange s'altère après cinq ou six jours de préparation, en été surtout.

On verse la liqueur sensible sur une glace polie et on laisse égoutter la glace une minute, portant par l'arête sur une feuille de papier buvard qui absorbe l'excédent du liquide.

On peut préparer deux ou trois glaces à la fois et les employer immédiatement. Les glaces sensibilisées la veille ou quelques heures auparavant ne peuvent rendre aucun service.

On sèche donc les glaces, sans attendre, sur la flamme d'une lampe à alcool et on les expose chaudes à la lumière sur le cliché.

L'insolation doit être faite à l'ombre et durer de deux à quinze minutes, suivant la lumière.

On développe après l'épreuve dans le cabinet noir en passant le graphite, c'est-à-dire la plombagine sur le côté préparé du verre, en se servant d'un blaireau fin.

L'image se montre à peine au premier développement.

Après une minute d'intervalle, on recommence à appliquer la plombagine et l'on passe une troisième fois le blaireau chargé de poudre après le même temps de repos.

L'épreuve prend alors l'intensité voulue. Quelquefois le développement est complet après la première application de la poudre, surtout par les temps humides.

Si la liqueur sensible ne s'étend pas régulièrement sur la glace, l'accident peut être amené par deux causes :

Si la température est froide et humide, la liqueur est souvent repoussée par la glace sur laquelle elle ne contracte aucune adhérence.

Il suffit, dans ce cas, de chauffer légèrement le verre.

Le retrait de la liqueur chromatée est dû encore au chiffon qui a servi à polir la glace, s'il a été en contact avec un corps gras.

Il est utile, quand le temps est humide et quand la pose en hiver dépasse cinq minutes et même moins, de passer avant le développement la glace sur la flamme de la lampe à alcool. On doit bien se garder de la chauffer. Il suffit de la tiédir pour chasser la buée. On a recours en été à un traitement opposé. Après le passage de la poudre qui ne donne d'abord qu'une silhouette, on pose le verre sur une pierre lithographique qu'on mouille et qu'on essuie. L'épreuve se développe après deux minutes sans aucune difficulté.

On insole à l'intérieur si le froid est vif. La réaction ne se produirait pas à température trop basse.

Ce mode de développement permet de modifier les négatifs.

On peut, à volonté, renforcer les parties faibles du cliché type.

Une épreuve régulière, mais sans vigueur, indique une pose insuffisante.

Si le négatif sort vigoureux, mais sans demi-teintes, on est tombé dans l'excès contraire.

On vernit les clichés par les moyens ordinaires.

CHAPITRE VIII.

Formule et préparation de la mixtion.

Dans ce procédé, l'héliographie reçue directement sur papier passe, par report, sur la pierre lithographique.

Nous pourrions développer une série de méthodes si notre Livre n'était pas écrit au point de vue seul de la pratique. Nous nous bornerons à indiquer les moyens les plus simples et les meilleurs. Nous les recommandons après expérimentation.

Le papier préparé ne se conserve pas; gommé le soir, il doit être employé le lendemain.

Il serait inutile de faire des essais en dehors de cette condition essentielle. On pourrait, à la rigueur, obtenir des épreuves de report après quelques jours, mais elles seraient défectueuses. Les papiers albuminés ou gélatinés destinés au même emploi et sensibilisés, peuvent être employés huit jours après.

Il faut admettre, en thèse générale, que les préparations chimiques, quelles qu'elles soient au point de vue de la réaction lumineuse, quand elles ont leur complément, perdent de leur propriété en raison du temps écoulé depuis leur préparation. On soutient quelquefois le contraire, mais une preuve quelconque serait difficile à donner.

On met dans un flacon à large ouverture :

> Gomme arabique en morceaux . .   100^{gr}
> Eau ordinaire.   150

On a le soin de remuer de temps en temps le mélange et, le lendemain, quand la dissolution est complète, on prend :

> Eau de gomme . . . .   100^{cc}
> Eau saturée de bichromate de potasse..   100

Ce liquide épais ne peut pas être filtré au papier.

On le passe à travers un chiffon de mousseline à mailles fines ou de flanelle, en pressant légèrement l'étoffe pour faciliter l'écoulement. Une pression trop active produirait une foule de bulles d'air, et il importe de les éviter.

On reçoit la préparation dans une cuvette. Le bain doit rester quatre ou cinq minutes au repos, pour laisser aux bulles d'air enfermées dans la masse le temps de disparaître. On enlève après ce temps la poussière et les bulles d'air qui flottent à la surface.

On prend après du papier albuminé coagulé, qui est livré tel par le commerce. Si l'on n'avait pas de papier sous la main, on coagulerait à l'alcool le papier albuminé qui sert en Photographie.

On opère économiquement en remplissant d'alcool à 40° une éprouvette dont la hauteur égale celle de la demi-feuille de papier albuminé. Le papier est roulé, l'albuminé en dehors, et on le descend dans le liquide. Après quelques minutes d'immersion, l'albumine devient insoluble. On suspend le papier avec une épingle à un courant d'air. Il est propre à l'emploi quand il est sec.

La feuille est appliquée sur le bain de gomme bichromaté, elle y reste trois ou quatre minutes.

On la soulève ensuite en laissant égoutter l'excédent dans la cuvette, et on la porte pour sécher dans le cabinet noir. Après quelques minutes, on colle sur le bas une bande de papier buvard qui prend le dernier excès de la couche et qui facilite l'égale distribution de la gomme sur toute l'étendue de la feuille. On peut verser la gomme sur le papier qu'on pose sur une glace.

Papier. — Insolation. — Report.

L'épreuve à reporter est tirée au châssis sur un cliché ordinaire de Photographie, le négatif ne doit pas être retourné.

Deux minutes de pose et même moins suffisent à l'ombre, même avec une lumière moyenne. On peut du reste suivre l'impression de la couche sensible.

L'épreuve doit être visible, mais à peine accusée.

Il y a un excès de pose si l'on arrive au ton jaune d'or. Le report n'est pas possible dans ce cas.

L'épreuve est bonne et elle s'attachera régulièrement à la pierre lithographique si, à la lumière de la bougie, le dessin, peu visible, se montre sous un aspect vert olive.

La feuille de papier insolée est alors placée sur une feuille de papier buvard humide, le côté gommé en dessus. On applique une feuille de papier blanc sur le côté gommé. Quand la feuille blanche tend à s'attacher à l'épreuve, l'épreuve est prête pour être reportée. La difficulté de l'opération commence à ce moment.

Le succès dépend de la moiteur régulière de la feuille.

Toute épreuve à reporter en Lithographie doit être humide, mais non mouillée. On saisit facilement la différence qu'il y a entre les deux expressions, et cependant, quand on n'a pas l'expérience pour guide, on passe facilement d'un excès à l'autre, on mouille toujours trop.

Rien n'est plus facile cependant, il suffit de ne pas se presser et de savoir attendre.

On nous permettra d'insister sur ce point, c'est la seule pierre d'achoppement à laquelle l'opérateur puisse se buter.

Si l'on a près du laboratoire une cave ou un lieu humide quelconque, on est à peu près sûr de réussir le report. On y laisse le papier pendant un quart d'heure, il est à point quand une autre feuille de papier appliquée avec pression sur un angle tend à s'attacher à la couche insolée.

Si l'on n'a pas cette ressource, on emploie pour ramollir la couche des feuilles de buvard blanc épais qu'on imbibe avec une éponge, et qu'on expose ensuite à l'air pour enlever l'excès d'eau par évaporation.

On fait le report quand le papier est suffisamment préparé.

Ce procédé ne pouvant servir qu'aux traits, on prend une pierre poncée et on la sèche près du feu ou au soleil en été, elle ne doit pas être chaude au contact de la main.

Il est bien entendu qu'on a, au préalable, réglé la presse sur la pierre qui doit recevoir le report.

On place le papier sur la pierre, le tablier est rabattu, mais il faut avant recouvrir l'épreuve de cinq ou six feuilles de papier ordinaire et d'une feuille de carton souple. On fait alors jouer la presse lentement et avec régularité. On doit renouveler huit ou dix fois la pression.

Le tablier relevé, on prend une éponge humide qu'on a dégorgée d'eau par pression et on la passe à plusieurs reprises sur le dos du papier qui adhère à la pierre.

Pour réussir vite, il faut procéder avec lenteur. Au bout de cinq ou six minutes, on soulève délicatement un des angles du papier et, par une inspection minutieuse, on s'assure que le report est bon sur ce point.

Nous devons donner ici quelques explications sur ce qui s'est produit par le jeu de la presse.

L'épreuve, après l'insolation, a des parties solubles et d'autres qui le sont moins ou pas du tout.

Les parties solubles correspondant aux noirs du cliché ont repris une certaine humidité sous le papier buvard ou dans la cave. La gomme sur ces points quitte le papier pour s'attacher à la pierre sèche, qui devient plus attractive ; les parties insolubles ou peu solubles restent sur le papier.

Si le report parait d'une bonne venue sur l'angle soulevé, le papier doit être délicatement détaché de la pierre ; s'il opposait trop de résistance, on repasserait l'éponge et l'on attendrait quelques minutes.

Toutes ces opérations se font avec régularité par une température moyenne ; elles sont moins faciles dans les fortes chaleurs de l'été. On doit alors opérer dans un milieu plutôt humide que chaud.

On distingue immédiatement, par simple inspection, un bon report d'un mauvais. Quand le papier est retiré, le dessin doit se montrer net et précis en couleur jaune et brillante sur la pierre blanche ou grise.

En cas de succès, et on le commande, après quelques essais, on doit conserver le papier qui a servi au report. S'il arrivait un accident au tirage, ou si, pour un travail important, on voulait deux pierres matrices, le papier pourrait fournir une seconde épreuve de report égale à la première. Voici l'explication du fait. La gomme reportée sur pierre, quand toute la surface aura été barbouillée de noir, sera dissoute par l'eau, et l'encre ne restera que sur les parties qui ont la pierre elle-même pour support. L'encre qui s'attache à la gomme est enlevée par l'eau avec la gomme soluble qui lui sert de soutien.

Le papier, avons-nous dit, a conservé la gomme insoluble sur les parties correspondant aux lumières du cliché, on le laisse donc sécher à l'abri du jour.

On encre alors au rouleau une pierre lithographique avec de l'encre de report, on y applique le papier et l'on donne cinq ou six tours de presse. Il est admis, en principe, que les parties insolées retiennent l'encre. Il suffit donc de passer une éponge humide sur la feuille qui ne présente qu'une masse noire, comme le papier gélatino-charbonneux. L'épreuve se dégage instantanément sous la pression légère de l'éponge humide. On peut conserver l'épreuve comme spécimen ou la reporter après quelques minutes. C'est la méthode à suivre avec le papier albuminé ou gélatiné.

Mais revenons à notre premier report.

On rentre dans le cabinet noir et l'on délaie de l'encre de report dans une soucoupe avec de l'essence de térébenthine rectifiée, on en fait une bouillie légère. On sèche la pierre avant toute application d'encre avec le carton à ventiler.

On barbouille ensuite la pierre de noir d'impression dans toute son étendue. On doit toutefois, avant d'encrer, gommer les marges et toutes les parties de la pierre où le dessin ne s'étend pas, il faut attendre que la gomme soit sèche.

On passe enfin l'éponge humide sur le tout. L'épreuve se dégage aussitôt. Elle est révélée comme le cliché photographique sous le bain de fer avec une netteté et une instantanéité qui surprend toujours.

L'épreuve est grise, car la couche d'encre mêlée d'essence, qu'on a passée au tampon pour noircir la pierre, n'a pas une grande épaisseur. Il ne faut pas s'inquiéter de sa faiblesse, elle montera à l'encrage.

On lave après la pierre avec une éponge, non plus humide, mais mouillée; on la laisse sécher spontanément et on la couvre avec la main d'une eau gommée épaisse. Il faut exercer le plus de pression possible avec la paume de la main pour faire pénétrer le mouillage dans les pores. Au bout de quelques heures, on lave la pierre et, après l'avoir encrée, on la couvre au pinceau ou par immersion d'eau légèrement acidulée. Quand la pierre est sèche, on encre et l'on commence le tirage. On relira ce qui a été dit sur le gommage et l'acidulation. Ce report, avant le tirage, doit être traité comme une pierre lithographique ordinaire; on peut remplacer le papier gommé par le papier gélatiné ou albuminé. On sensibilise la feuille dans un bain de bichromate de potasse à 3 pour 100 et on l'insole sous le cliché comme le papier gommé. On ne fera pas le report sur la pierre avant l'encrage, ce serait peine perdue.

On encre directement la feuille après l'insolation, en l'étendant sur une surface dure et plane, glace ou pierre lithographique, et l'on dégage ensuite le dessin avec une éponge mouillée. On laisse ensuite au papier le temps de se raffermir et l'on reporte sur pierre comme dans le premier cas.

Après l'insolation, la feuille sera plongée, dans ce cas, dans une cuvette d'eau et quand l'excès de bichromate aura été enlevé par le lavage, on laissera sécher le papier; on l'encrera ensuite au rouleau après l'avoir légèrement humecté avec une éponge humide.

L'encre ne s'attachera qu'aux parties insolées

et il ne sera pas nécessaire de dégager le dessin à l'éponge.

Le traitement est le même que le papier soit albuminé ou gélatiné.

Emploi du savon de fer.

Pour assurer le résultat, nous conseillons, avant de toucher à l'encre et au rouleau, de préparer comme il suit la surface de la pierre si le report de gomme paraît convenable.

L'opération en question doit se faire après le gommage des marges, quand les retouches accidentelles à la gomme sont terminées.

On dissout dans l'*huile verte*, baume tranquille en pharmacie, du savon de fer dans les proportions indiquées par la formule suivante :

Huile verte. . . . . 100^{cc}
Savon de fer.. . . . . 10^{gr}

La dissolution du savon dans l'huile s'opère en quelques minutes dans une capsule en porcelaine ou dans un vase en grès, placé sur un feu très doux.

Trop de chaleur entraînerait la décomposition du produit.

Le savon de fer ne se trouve pas dans l'industrie, mais le lithographe et l'amateur pourront, en un quart d'heure, en préparer assez pour les besoins d'une année.

9.

On fait dissoudre :

1° Savon vert de Marseille. . . . . . . 100^{gr}
Eau bouillante.. . . . . 500^{cc}

2° Sulfate de fer. . . . . 250^{gr}
Eau bouillante.. . . . . 600^{cc}

L'eau de savon et l'eau ferrée sont réunies dans un même vase après la dissolution des produits. Le mélange se fait à chaud. C'est le fer qui est versé sur le savon en petite quantité à la fois. On agite continuellement à l'aide d'une spatule.

Les deux solutions forment, en se combinant, le produit que nous cherchons, et le savon de fer surnage au-dessus du liquide à mesure qu'il se forme.

La combinaison se présente sous l'aspect d'un graillon brun foncé, qui passe bientôt au rouge brun en s'oxydant au contact de l'air.

Le contenu de la capsule est jeté, après refroidissement, sur un carré de mousseline. Le tissu arrête le savon. L'eau-mère, c'est-à-dire la partie liquide qui passe à travers le filtre, est sans utilité.

Il n'y a pas à se demander si l'opération a réussi.

Dans les réactions chimiques, où les produits se constituent d'eux-mêmes par les lois de double décomposition, le résultat est invariable, quand même l'un des sels qu'on met en présence serait en excès. L'affinité chimique ne laisse pas place à un insuccès.

Le produit à l'état de division est pétri en boule avec les doigts. On l'étend après en tablette et on le met en réserve.

Toute la surface de la pierre, préalablement séchée, est vigoureusement frictionnée avec la mixtion de savon de fer et d'huile, qu'on prend en petite quantité avec un tampon de linge usé et souple.

Le savon de fer s'insinue dans la surface calcaire, partout où il y a absence de gomme, c'est-à-dire dans les lignes qui forment le dessin.

Les blancs, protégés et couverts par la gomme, sont soustraits à l'influence du savon, et ces parties de la pierre conservent la propriété lithographique de repousser le noir d'impression après un mouillage convenable. C'est après cette préparation que la pierre est encrée.

On fait tableau noir avec un rouleau en cuir chargé de très peu d'encre de report dure.

On développe le dessin en passant avec une pression moyenne le même rouleau qui a servi à l'encrage, mais il faut mouiller la surface à nettoyer avec une éponge trempée dans une eau légèrement acidulée à mesure que l'épreuve se développe sous le passage du rouleau.

Eau. 100ᵍʳ
Acide azotique 2

Le savon de fer happe l'encre avec beaucoup

d'énergie, à la condition cependant qu'il soit acidulé comme il vient d'être dit par l'acide azotique, qui décompose le produit en mettant la partie grasse en liberté.

Après une demi-heure de repos, le dessin est renforcé par un nouvel encrage. On acidule ensuite suivant la méthode suivie dans l'atelier du lithographe. Il ne reste plus qu'à placer et à caler la pierre sur la presse pour procéder au tirage.

Nous conseillons aux lithographes qui voudraient étudier la Photographie de lire les *Premières Leçons de Photographie* ([1]) de M. Perrot de Chaumeux et ensuite le grand Traité de M. Davanne ([2]).

On pourra consulter notre *Traité de Photographie* ([3]) ainsi que notre *Traité pratique du procédé au gélatinobromure* ([4]).

([1]) PERROT DE CHAUMEUX (L.), *Premières Leçons de Photographie*. 4e édition. revue et augmentée. In-18 jésus avec figures; 1882 (Paris, Gauthier-Villars).

([2]) DAVANNE, *La Photographie. Traité théorique et pratique*. 2 beaux volumes grand in-8, avec nombreuses figures; 1886-88 (Paris, Gauthier-Villars).

([3]) GEYMET, *Traité pratique de photographie* (Éléments complets, Méthodes nouvelles, Perfectionnements) suivi d'une Instruction sur le *procédé au gélatinobromure*. 3e édition. In-18 jésus; 1882 (Paris, Gauthier-Villars).

([4]) GEYMET, *Traité pratique du procédé au gélatinobromure*. In-18 jésus; 1885 (Paris, Gauthier-Villars).

FIN.

TABLE DES MATIÈRES.

CHAPITRE VI.

CHAPITRE VII.

CHAPITRE VIII.

*Procédé à la gomme par report, applicable à la reproduction
des dessins à la plume, des gravures, etc.*

FIN DE LA TABLE DES MATIÈRES.

Paris. — Imp. Gauthier-Villars et fils, 55 quai des Grands-Augustins.